本书出版获得广东省高等教育专项资金（2021—2025）、暨南大学高水平大学建设专项资金资助。

华文教育专业规划教材

汉语教学案例分析

李小凤　编著

暨南大学出版社
JINAN UNIVERSITY PRESS

中国·广州

图书在版编目（CIP）数据

汉语教学案例分析/李小凤编著．—广州：暨南大学出版社，2024.6
华文教育专业规划教材
ISBN 978-7-5668-3855-1

Ⅰ.①汉…　Ⅱ.①李…　Ⅲ.①汉语—对外汉语教学—教案（教育）　Ⅳ.①H195.3

中国国家版本馆CIP数据核字（2024）第011179号

汉语教学案例分析
HANYU JIAOXUE ANLI FENXI
编著者：李小凤

出版人：阳　翼
策划编辑：杜小陆
责任编辑：康　蕊
责任校对：刘舜怡　何江琳
责任印制：周一丹　郑玉婷

出版发行：暨南大学出版社（511434）
电　　话：总编室（8620）31105261
营销部（8620）37331682　37331689
传　　真：（8620）31105289（办公室）　37331684（营销部）
网　　址：http://www.jnupress.com
排　　版：广州良弓广告有限公司
印　　刷：佛山市浩文彩色印刷有限公司
开　　本：787mm×960mm　1/16
印　　张：12.75
字　　数：210千
版　　次：2024年6月第1版
印　　次：2024年6月第1次
定　　价：49.80元

目录

编写说明

本书中收录的案例，涉及的教材如果有多个版本（如《中文·小学版》《汉语教程》《汉语》等），绝大部分是指2020年之前的修订版，文内不再一一标明。另外，有多个案例的教学内容涉及同一本教材中的同一课，目的是从不同角度展示同一课的教学设计与实施。

本书中收录的案例，均来源于海外汉语教师或海外生源的相关教学实践，涉及多位教师或学生的讲课视频，经过转写、改写、调整，主要供教学和培训之用，请相关教师或学生不必将案例进行匹配或定位。涉及的主要国别有：新加坡、马来西亚、印度尼西亚、泰国、菲律宾、老挝、柬埔寨、缅甸、韩国、日本、蒙古、德国、美国、意大利、荷兰、英国、法国、加拿大、澳大利亚、新西兰、马达加斯加、厄瓜多尔、阿根廷、巴西等。为不泄露个人信息，除个别收录得比较完整的案例作了标注外，其他案例统一不标注讲课者的个人信息，也不专门标注汉语教学的国别，只在个别案例中根据需要提及。

本书中多个案例涉及零起点、非华裔学生，教师在上课时往往借助第一语言开展教学，案例在描写时，均使用汉语。另外，案例描述中除汉语以外的语言，一般是学生的第一语言。

海外汉语教学层次、类型等复杂多样，无法详尽描述，本书中只标注主要的背景信息。

本书中的“分析与评价”，主要针对案例本身，仅供参考。

少数案例在附录中设计了 PPT，由于 PPT 形式单一，所以设计的主要依据是“分析与评价”中的建议，但不完全一致。

李小凤

2024 年 2 月 10 日

第一章
教学理念

第一节　互　动

案例 1　以输入为主，输出形式单一

一、描述

1. 导入：（师）我们都喜欢吃水果，那么老师今天要教大家认识几种新的水果，我们一起来看都有什么。

2. 出示：“葡萄”的图片、拼音和汉字。

3. 讲解：①领读三遍；②对轻声进行说明：（师）大家注意这个葡萄的萄，是轻声，所以我们要轻轻地读；③领读一遍；④对应的英文：（师）葡萄的英文是什么呀？是 grape。

4. 学习“香蕉”，同样出示图片、拼音和汉字，领读三遍，接着领读英文“banana”。

5. 同样的方法，继续学习“西瓜、草莓、蓝莓、橘子、桃子”。

6. 用句型“我喜欢……”练习说句子，教师问，学生答。

二、相关背景

教材：自编

学生：小学一年级（华裔）

三、分析与评价

整个教学过程，除了说句子练习，学生有机会回答以外，其他皆为单一的输出形式——“跟读”。即学生只需跟着教师进行模仿，这种输出形式在语言学习中是非常必要的，但不能仅限于此。一般在学习新的语言点，且学生不知道正确的读法时可适当采用。

为了让输出形式多样化，同时提高学生的输出频率，将“以输入为主”，转为“输入、输出互动模式”。教师可结合具体教学内容，根据学生的实际年龄和水平，灵活采用启发等多种方式，让课堂“动”起来，让学生的思维和感观“动”起来。如以上教学过程可改成这样：

1. 导入：教师先出示一种水果的图片，提问：这是什么？学生回答不受限制，中文、英文都可以。教师再依次出示其他几种，最后让学生将 PPT 上所有水果图片的中英文名称依次说出来。

2. 生词学习：①在原有水果图片的基础上（可将水果图片变小），出示一个词语，让学生猜一猜，这个词指的是哪种水果。学生猜不出来也没关系，教师揭晓答案。②教读音：先让学生试读，若学生不会，可先放出拼音再让其试读，然后教师再领读，学生齐读，个别抽读、正音。③类似的方法讲解词语，最好每个词语的讲法能有一些细微变化，最后讲解“水果”，说明以上所学的词语都是水果，让学生说说还有哪些水果，用英文也可以。

3. 练习：①卡片认读练习：先让学生看着卡片上的生词读一读，再翻转卡片，根据相应的图片说一说。②交际练习：教师先问，点名回答（先根据图片再根据词语回答）。将问句、答句的基本句型呈现出来。然后让学生用教师提前准备的水果图片和词语分组练习，最后请学生上台表演。

与教师之前的设计相比，学生有机会“思考”，并“问”“答”，尝试读、跟读、齐读、个别读，且输出的频率大大增加。当然，如果教学目标中要求学生书写，在教学过程中教师还需增加“写”的教学和练习。以上教学过程的设计，主要在原教师设计的基础上进行修改和调整。

一般而言，要让学生真正地“互动”，可牢记，教学对象是“人”，具有思维能力、情绪情感，具有主观能动性。要注意让学生进行输入、输出互动，与教师互动，与其他同学互动，让其思维、情感“动”起来，在课堂上“听、说、读、写”了，学生也“玩、做”了，还“思考”了。学生在获得语言知识和能力的同时，还能获得成就感，从而激发学习兴趣和动机，并逐步获得学习能力。

附录：PPT（设置分步呈现）

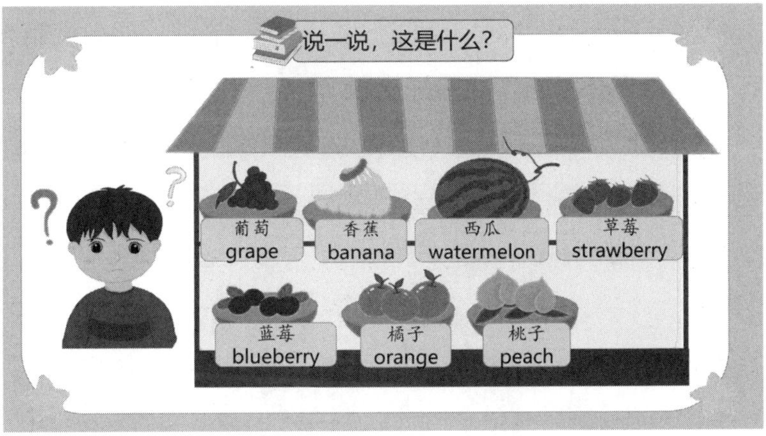

找一找，读一读
pútao
葡萄

找一找，读一读
xiāngjiāo
香蕉

找一找，读一读
xīguā
西瓜

找一找，读一读
cǎoméi
草莓

找一找，读一读
lánméi
蓝莓

找一找，读一读
júzi
橘子

找一找，读一读
táozi
桃子

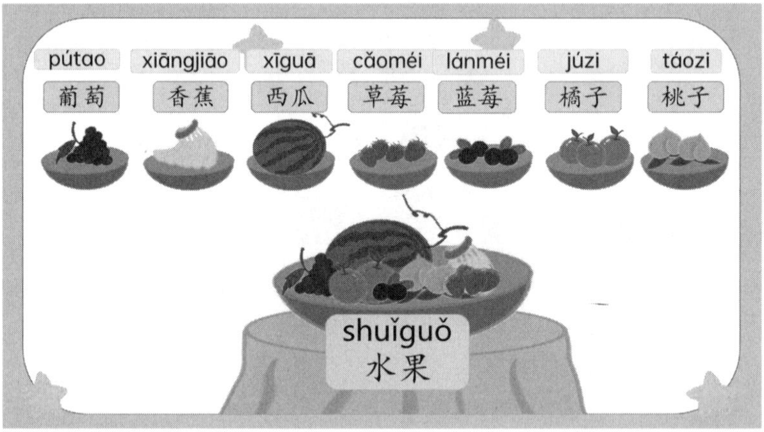
pútao
葡萄
xiāngjiāo
香蕉
xīguā
西瓜
cǎoméi
草莓
lánméi
蓝莓
júzi
橘子
táozi
桃子
shuǐguǒ
水果

说一说：你还知道哪些水果？
shuǐguǒ
水果

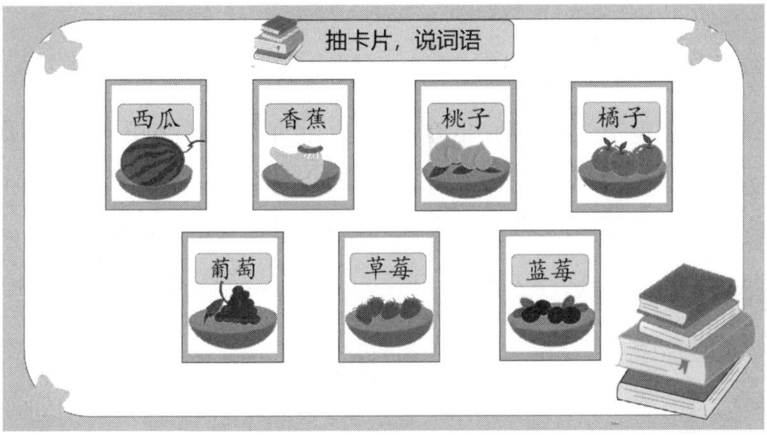

案例 2　互动需要考虑是否有效

一、描述

1. 教师先播放一首古典音乐和一首现代音乐，然后说明什么是古典，什么是现代。

2. 展示例句，带学生读例句，再开始讲解：

师：她还带我听古典音乐会。古典音乐就是我们刚才听到的莫扎特或者贝多芬作品的这类音乐。

师：他感觉到现代生活的压力。如果我们在城市里生活，跟在乡下生活一样吗？

生：不一样。

师：在哪里生活压力比较大？

生：在城市（只有两位学生回答）。

二、相关背景

教材：自编

学生：成年人中级班

三、分析与评价

案例中，教师在讲解生词“古典”和“现代”时，让学生先听音乐，大致了解古典和现代的含义。这种通过音乐帮助学生学习生词，增强背景知识的了解，是比较有效的方法。接下来教师通过例句讲解词语，也是比较有效的方法。但在讲解时，教师没有充分考虑学生的主体性，主要是教师唱独角戏，学生只在理解词语关键点以外的地方有少量参与。因而，学生在理解词语和例句时，并没有真正地参与理解，和教师没有实质性的互动。

教师可根据例句中的重点和难点来设计问题，准确、有效地启发学生思考，如先请学生朗读例句，让学生对例句有初步认识。接下来可问：“什么是古典音乐会？”再点名提问：“你喜欢古典音乐吗？”“你去听过古典音乐会吗？”然后进行扩展，配合相关图片，问“还可以说古典……（如古典建筑、古典文学）”。第二个例句，可问：“什么是现代生活？”“古代人们的生活是怎样的？”“现代城市和乡村生活，一样吗？哪个压力大？”另外，“古典”和“现代”是一组反义词，根据需要讲解与“古典”相反的义项，引导学生说出“现代音乐、现代建筑”等答案。

通过紧扣句子关键信息的提问，引导学生思考、输出的方式，使其真正理解古典和现代的含义，并记住常用搭配，从而形成相关的概念印象。而且，在互动中，学生有机会结合自身情况，谈谈自己的经历和想法，并在交际中学习，真正应用于交际。

案例3　应注意“可懂输入”

一、描述

在开展课文教学之前教师先导入，展示谜语：“东一片，西一片，只听声音看不见。”学生流利读完但不能猜出答案，在教师的动作暗示下，学生很快猜出答案是“耳朵”。然后，教师请学生说出为什么是耳朵。接着，教师展示第二个谜语：“高高山上一蓬麻，月月割来月月长，要是天长没人管，人人见了都笑煞。”学生朗读时有很多字不会读，教师读完一遍后指着自己的头发暗示学生。在学生说出答案“头发”后，教师花了很长时间解释谜底的来源。之后进入课文的学习环节。

二、相关背景

教材：《中文》[①] 第2册（第7课）

学生：小学二年级（华裔）

三、分析与评价

由于要学的课文是谜语，教师用两则谜语导入课文，设计是不错的。第一则谜语的谜面和谜底都相对简单，符合学生的年龄特征和汉语水平。学生能正确朗读并在教师的引导下猜出谜底。而第二则谜语的谜面太难，"蓬""麻""割""煞"等词都太复杂，远远超出学生水平，且谜面中还有多音字"长"。因此，这样的谜面，即使在教师的暗示下学生猜出谜底，价值也不大。学生很难真正理解谜面内容，也不一定能清楚谜底的由来，学习效果受到影响。另外，在导入阶段使用这么难的谜语，时间花费太长，与导入阶段的目的不符。

所以，教师在设置学生输入的内容时，要注意"可懂输入"，也就是说，要做到输入的内容是学生能够理解、掌握的。总体来讲，一般输入的内容比学生现有水平略难一点，即符合"i + 1"的原则，是比较理想的结果。

① 《中文》未特别说明，指小学版，由暨南大学出版社于2010年出版。

案例 4　需要关注学生的输出形式

一、描述

师：教室里摆着什么呢？

生：桌子、椅子。

师：对，教室里摆着很多桌子和椅子，那桌子上放着什么呢？

生：水瓶、杯子。

师：水瓶，桌子上放着水瓶。那墙上挂着什么？

生：时钟。

师：时钟，墙上挂着时钟。这里贴着什么呢？

生：通知。

师：对，这里贴着通知。

二、相关背景

教材：《汉语教程》[①] 第 2 册上（第 10 课）

学生：高中三年级（非华裔）

三、分析与评价

此片段是教师在讲完语法点“动词＋着”之后的练习，教师利用教室的现实场景进行提问，这是一个很好的练习方法。非常直观，又不需要特

① 《汉语教程》，由北京语言大学出版社于 2009 年出版。

别准备，且引导学生描述身边的情景，有利于学习之后的交际使用。但教师在操作时，学生的回答，即输出的内容并不含“动词 + 着”，都是已学的知识，所以学习效果大打折扣。

如果教师在互动时，能适当注意、强调学生的输出形式，即使一开始学生独立说出来有难度，教师也可以带领学生说出。而在后面的练习中，教师完全可以尝试引导学生说出完整的句子，强化“动词 + 着”的用法，从而真正内化语法结构，增强语法学习效果。

当然，以上片段如果放在讲语法之前的导入过程是没有问题的，但在教师说出句子的同时，最好能配上相应的文字。最后教师可让学生读一读句子，再进入讲解环节。

案例 5　通过互动讲解课文

一、描述

A 教师讲解课文：

师：白日依山尽，“依”在这里的意思就是“靠着”，“尽”就是“完”，这句话的意思是：太阳靠着山慢慢地落下。大家一起读一遍。

生：太阳靠着山慢慢地落下。

师：黄河入海流，黄河滚滚地向大海流去。我们一起读一遍。

生：黄河滚滚地向大海流去。

B 教师讲解课文：

师：春眠不觉晓，是什么意思呢？春是什么意思？

生：春天。

师：春是春天，眠是什么意思？
生：睡觉。
师：眠是睡觉。不觉是什么意思呢？
生：不知道。
师：不知道吗？应是不知不觉的意思。晓是什么意思呢？
生：早晨。
师：早晨，对了。那整个句子的意思是什么？
生：春天的早晨，不知不觉他就醒过来了（学生七嘴八舌地说）。
师：对，春天睡觉，不知不觉早就天亮了。好，第二句请男生来读。
男学生：处处闻啼鸟。
师：请同学们想一想“处处闻啼鸟”是什么意思。处处是什么意思？
生：到处听到小鸟的叫声。
师：哦！听到小鸟的叫声，为什么听到小鸟的叫声呢？
生：在早晨啊。
师：因为在早晨所以听到小鸟的声音。第三句请女生一起读。

二、相关背景

A 教师：
教材：《中文》第 3 册（第 7 课）
学生：小学二年级（华裔）
B 教师：
教材：《中文》第 4 册（第 7 课）
学生：小学二年级（华裔）

三、分析与评价

从截取的片段来看，同样是古诗课文部分的讲解，两位教师的教学方法截然不同。

A 教师先对古诗中的词语进行解释，接着让学生读，缺少互动，教师以“告知”的方式开展教学，使得学生的输出形式非常单一。只有朗读，学生不需要动脑思考，容易产生懈怠心理，也大大减弱了理解、记忆的效果。

B 教师将诗句的重点词语抓取出来，引导启发学生思考，进而帮助其理解句义。课堂上能充分调动学生的积极性，让学生有机会思考、表达，从而增强学习、记忆效果，提高学习的成就感，提升学习动机和学习能力。

第二节　形式与内容结合

案例6　形式与内容有机结合

一、描述

1. 通过已学课文，提问：司马光在砸缸之前，朋友们在做什么？结合图片，引出例句：他们在花园里玩，有的做游戏，有的爬树。学生齐读。引导学生注意“有的……有的……”，并在“有的”下面画线突出显示。

2. 学生跟着教师一起做动作，说出句子，教师板书：老师做的动作，有的会做，有的不会做。

3. 教师出示四幅图片，引导学生说出句子：有的在唱歌，有的在画画，有的在上课，有的在操场做运动。

4. 教师出示图片，引导学生说出句子并板书：①图片里有很多颜色，有的是白色，有的是蓝色，有的是红色。②图片里有很多形状，有的是长方形，有的是三角形，有的是圆形。

二、相关背景

教材：《中文》第 4 册（第 8 课）

学生：小学二年级（华裔、少数非华裔）

三、分析与评价

教师对“有的……有的……”这一句式进行教学，先通过已学的课文引入语法点，然后讲练结合，采用动作、图片等多种教具，建构语境，引导学生正确说句子。

一方面，教师没有孤立地让学生造句，而是建构语境，引导学生正确说句子，这些句子在课堂上都有具体的表达内容，即在使用、在交际。另一方面，教师又不仅仅局限于让学生将动作、图片上的内容说出即可，而是注意强调学生使用“有的……有的……”说句子并板书，在“有的”下面画线，突出显示。这样做的目的是强调语言形式，即始终贯彻学习语言形式的任务。

另外，创设的语境内容，涉及动作、学生的活动、颜色、形状等，都是学生学过的内容，造出的句子也具有典型性。这样，学生学习这一句式后，能够很自然地用已学的词语将常见现象表达出来。

所谓形式与内容结合，就是指在教学中，既要教语言形式、强调语言形式，又要注意将语言所表达的内容呈现出来，即在表达、使用中开展教学。学生接收到的是语言的使用过程，同时，又重点记忆和掌握语言形式。

当然，在具体教学中，有时形式会重要一些，如生词教学；有时内容会重要一些，如课文教学。但无论如何，教师应尽量避免形式与内容脱节，只教语言形式，没有表达内容和语境，学生学到的是抽象的语言形式，碰到具体的交际环境，学生运用语言形式交际的能力会受影响；反之，如果只有表达内容和语境，学生上课会交际，课后很容易忘记语言形式，在课后具体的交际过程中，也很难灵活运用所学的词语和句式等。

案例7　将语言形式巧妙装入交际内容

一、描述

1. 引出朋友：大象。教师拿出大象的图片，提问：大家知道用中文怎么说吗？教师揭晓答案后领读“大象”三遍。教师将大象的图片贴到黑板上，提问：这是什么？（大象）学生回答：“这是大象。”领读“这是大象”一遍；导入课文，板书题目（大象的朋友）。

2. 复习：出示字卡，学生认读（前、后、左、右）；师生一起拍手，念出拍手歌（拍拍手，前拍拍，后拍拍，左拍拍，右拍拍）。

3. 介绍大象带来的好朋友，依次出示小鹿、老虎、小兔、小猪、老鼠的图片（教师领读“小鹿、老虎、小兔、小猪、老鼠”），并按位置贴在黑板上，引导学生说出“大象的后面是小鹿”“大象的前面是老虎”“大象的右面是小兔”“大象的左面是小猪”“大象的上面是老鼠”。

4．对照黑板上的贴图学习课文、巩固练习。

5．交际练习：5 位学生上台，教师提问（如：××的前面是……），学生回答问题。

二、相关背景

教材：《中文》第 1 册（第 11 课）

学生：小学一年级（华裔）

三、分析与评价

教师在教课文时，没有让学生单纯地读课文、背课文，而是通过设置语境，先引出大象，再复习方位，接着演练课文内容，然后学习课文、巩固练习，最后进行交际练习。

图片、动作、现场演示等设置具体可感的情境，使“这是大象”“大象的后面是小鹿”“大象的前面是老虎”“大象的右面是小兔”“大象的左面是小猪”“大象的上面是老鼠”等句子，以及“前、后、左、右”“小鹿、老虎、小兔、小猪、老鼠”等词语，都有了实际的交际内容，因而教学不只是为了学习语言形式，而是在交际中学习，每个词语、句子的使用都变成了“现实”的交际，从而使语言学习变得具体、可感、直观、形象。一方面减少了语言形式学习的枯燥感；另一方面切实提高了语言运用和交际能力。

第三节　知识与能力结合

案例 8　只教知识，不训练能力

一、描述

1. 猜谜语导入。教师说谜面，学生猜出谜底（雪）。

2. 师生齐读课文。

3. 提问：课文中讲的是什么季节？课文中一共出现了几个主人公？同学们喜欢看雪吗？课文中提到雪的味道是什么样的？是哪位主人公尝了雪？

4. 生字学习：教师板书 11 个生字及拼音。

5. 请一位学生上台拼读，教师正音。

6. 学生完成课文后面的生字练习，一个生字写三遍。

7. 练习与拓展（用“正在”说句子）：教师先说出课文中的例句，然后请学生造句，教师再补充几个句子。

8. 布置作业。

二、相关背景

教材：《中文》第 3 册（第 6 课）

学生：小学二年级（华裔、非华裔）

三、分析与评价

总体的教学环节是：导入→课文朗读与串讲→生字教学与练习→说句子练习→布置作业。大体的教学环节没有问题，但课文和生字的教学仅仅停留在知识的学习层面，学生并未掌握相应的语言能力。

对于课文的教学，其目标应是由课文的朗读与理解过渡到课文内容的复述或相关表达。但以上教学过程仅仅完成了“朗读与理解”这一课文知识的层面，而由课文本身过渡到相关的语言交际或听说能力的训练方面，并没有实质性的体现。

教师可以在朗读后提问，回答问题串讲时，一边结合课文呈现图片等教具，配上关键词等；一边用启发性的话语将图片、关键词等与课文建立联系，即引导学生结合图片、关键词理解课文。最后利用图片、关键词等，采用角色扮演、复述课文等形式，推进听说能力的训练。

生词教学一般需要教音、形、义、用四个方面，应根据学生的特点和生字本身的特点，确定每个生字的重点、难点，以及重点生字等。主要目标是由会读、会写过渡到会用。

但在以上教学过程中，教师一次性板书 11 个生字，让一位学生上台认读，没有音、形、义、用的针对性教学。只让学生模仿生字的音、形方面的语言知识，缺乏能力训练。

教师可根据生字的语义特征，分成几个一组，一起教学。如“糖、盐、甜、凉、尝”为一组，“自、己、知、道”为一组，最后教“正、争”两个语音相近的汉字。另外，生字教学应采用图片、动作、实物等教学手段，紧扣每个汉字的重点、难点进行教学，让学生在掌握汉字音、形、义的语言知识层面的基础上，能根据图片、动作等说句子，即具有使用生字或词语的能力。

总体来说，一般在进行语音、汉字、词汇、语法、课文教学时，不仅要让学生掌握相应的语言知识，即知道每个部分或每个知识点的内容，还需让学生掌握运用这些知识相应的能力，即能使用这些知识进行交际，也就是听说读写。知识与能力的教学要相互结合，由知识的掌握层面推进到能力训练层面。

案例9　讲练结合，由知识教学到能力训练

一、描述

1. 复习笔画（横、竖、撇、捺、竖钩、点）：①教师一个个写出，引导学生说出笔画名称。②教师随机指定笔画（不按顺序）请学生认读。

2. 认识“大”“小”：①教师做手势，并说“大”，先用马来语说，再用汉语说。汉语多次反复（包括手势），学生跟读。②教师做手势，用马来语提问：这个呢？（学生用马来语回答）教师说出汉语“小”。汉语多次反复（包括手势），学生跟读。

3. 认识汉字：①教师一边板书“大”，一边说笔画名称；领读（汉语和马来语）。②教师一边板书“小”，一边说笔画名称；领读（汉语和马来语）。③学生齐读“大”“小”，多次反复。

4. 练习1：教师出示图片（大象、小鸟），指着“大象”提问：这个？（大）领读，出示汉字“大”，领读、齐读；指着“小鸟”提问：这个？（小）领读，出示汉字“小”，领读、齐读。

5. 练习2（图片辨别）：教师出示图片（老虎、老鼠），指着“老虎”，点名提问：这个？（大）指着“老鼠”，点名提问：这个？（小）出示汉字

"大""小"，领读、齐读。

6. 练习3（图片辨别）：教师出示图片（榴莲、荔枝），指着"榴莲"，点名提问：这个？（大）指着"荔枝"，点名提问：这个？（小）出示汉字"大""小"，领读、齐读。

7. 练习4（实物辨别）：请一位学生上台，给出苹果与龙眼（一大一小），请他辨别大小。再让他请另一位学生上台，并告诉那位学生哪个大、哪个小。教师点评表扬。同样的方法，辨别实物"两个布娃娃"（一大一小）。

8. 练习5（汉字认读）：教师出示字卡（大、小），学生认读；请学生上台认读并将字卡贴在白板上，分别贴在原有板书相应汉字的下面。

9. 练习6（拼音认读）：教师分别在"大""小"的上面写上拼音并领读，多次反复，注意声调。

10. 练习7（汉字书写）：教师引导学生书写"大""小"，边写边说笔画名称（师生同时写，学生书空，即用手在空中书写汉字，教师在白板上写）；请学生上台书写。

二、相关背景

教材：自编

学生：6岁（马来西亚土著）

三、分析与评价

该教师教授马来西亚土著的6岁儿童"大""小"这两个汉字，先复习笔画名称，然后进行教学和练习。整个教学教程体现了讲练结合，通过手势、图片、实物、板书、字卡、领读、齐读、点名回答、引导、启发、双语使用等教学手段与方法。

通过直观形象地提供比较的对象，建构交际环境，多次反复地进行语言练习，使学生由初步认识“大”“小”及其汉字，到反复练习大小事物的辨别与使用，再到汉字与拼音的认读以及汉字的书写，使学生既掌握了汉字“大”“小”的音、形、义方面的语言知识，又掌握了对具体事物进行大小比较的交际能力。

另外，该教师的双语教学，以及多次反复、直接模仿等方法，对其教学对象具有适应性。同时，拼音的教学只在最后的练习中，教师直接写出让学生认读，体现了对学生和教学内容的分析与考察，即该教师认为拼音不难或者不是教学重点。

案例 10　注意将知识转化为能力

一、描述

1. 导入：复习导入，根据复习的词语扩展相关实物和菜品的名字。

2. 讲解：①请两个学生扮演课文中的角色，读课文。②将全班分为两组，分角色读课文。③对课文的重点、难点进行讲解。

3. 巩固练习：学生表演去餐馆点菜、吃饭、买单的全过程。安排一位服务员、两组顾客，顾客点菜后表演吃菜并配合做表情。其他学生分为两组猜他们吃了什么菜，速度较快的一组得分，接着由两组学生表演买单。

4. 延伸：以提问的方式引导学生回忆学过的五种味道。

5. 布置作业：每个学生拍一段在华人餐馆吃饭的视频，5 ~ 10 分钟，发给教师。

二、相关背景

教材：自编

学生：成年人初级班（华裔）

三、分析与评价

此案例是会话体课文的课文教学部分，教师讲解课文后请学生模拟在餐馆吃饭的情景，在此情景中学生可直接运用新知识进行会话。此外，课后作业是去餐馆吃饭，学生需从课堂模拟点餐走进真实点餐，由此可见，教师在知识讲解后，强化能力训练，同时注意了学习趣味性，如两组竞赛、看表情猜味道。并且全班学生都参与其中，避免个别学生进行练习，其他学生闲着的情况出现。

当然，如果学生水平受限，在点菜的情景扮演之前，可以设计先让学生分组按照课文对话进行练习，然后是自由点菜练习，最后上台表演。表演时，教师也可以准备关键词的词卡，让相应的学生拿着备用。

无论是对话体课文还是篇章体课文的教学，都需要从知识到能力的训练和转化，只是目标稍有不同：对话体课文教学的交际目标在于学生学完后能根据关键词句进行自由会话；篇章体课文则是能用课文中的词句进行复述、讨论、评价等。

生词、语法教学等，同样也需要将知识转化为能力。学生“知道”只是知识的掌握，在具体情境中“会用”才是能力。当然，在汉语二语课堂教学中，通常不具有语言使用环境，因而利用图片、句子、音视频、角色扮演等手段构建情景、语境，让学生将所学的知识进行练习、运用、交际，这是非常重要的训练方法。

第二章
教学设计

第一节　教学过程设计

案例11　教学过程完整、清晰

一、描述

1. 组织教学：师生问好。

2. 复习检查：复习上节课学过的生词。举手快且回答正确的学生可获得贴纸，学生积极配合。

3. 导入：故事导入，向学生介绍课文的三只动物，并了解学生对冬天的认识，设疑课文中的三只动物会如何认识冬天。

4. 课文讲解：①边读边讲解。教师带学生逐句读课文，读完一句便讲解一句，在讲解时教师模仿小猫、小狗、小兔子的语气，并用手势等肢体语言辅助。②带读。教师带学生一起读一遍课文。③请学生模仿三只动物将课文中相应的话语说出来。④分组分角色朗读课文。⑤请一组学生上台表演。

5. 巩固练习：复述课文。第一遍教师边展示课文图片边说旁白，学生只需要把小猫、小狗、小兔子的话说出来；第二遍教师展示图片，请几位学生看图复述课文，每个学生说一句。举手快且回答正确的学生可得贴纸。学生积极举手参与。

6. 小结：师生一起简要复述故事。

7．布置作业：把课文中的故事讲给爸爸妈妈听。

二、相关背景

教材：《中文》第3册（第6课）
学生：小学二年级（华裔）

三、分析与评价

教师设置的教学环节清晰、完整，实施了7个基本步骤，即组织教学→复习检查→导入新课→学习新课→巩固练习→新课小结→布置作业，各环节的顺序安排合理。

一般而言，上课之前的组织教学是必不可少的，方式可多样化，如师生问好、点名等，如果确定学生在下一环节中能全身心投入，也可二者结合，如与复习环节相结合，检查学生的口头作业（如请学生上台讲故事等）。组织教学在教学的全过程中是很有必要的，其目的是让学生认真听课，建构良好的学习氛围，所以在课堂教学中，出现个别学生走神或进行游戏等比较兴奋的课堂活动之后，一般需要组织教学。

复习的目的是巩固旧学，以旧带新。导入很重要，好的导入往往能让学生对新课的学习产生极大的兴趣与期待。学习或讲解环节是课堂教学的核心环节，一般有多个具体的过程。巩固练习是上一环节重要的辅助环节，所花时间也比较长。最后还应有课堂小结和布置作业。

针对不同课型、教学内容，教学环节可在以上基本环节的基础上灵活设计。

案例12　教学过程欠完整

一、描述

师（学生读第一段，教师讲解，教师先解释一下）：一天，火热的太阳照在大地上，天气热极了，在哪里看到天气热极了呢？是从“火热的太阳照在大地上”看出来的。然后狐狸走了很远的路，满头大汗。它又饿又渴，它一边走一边自言自语，这里大家可以学习到一个成语——自言自语，就是自己和自己说，他跟自己说：如果有吃的、喝的，那该多好呀。接下来大家读下一段内容（学生齐读）。

二、相关背景

教材：《中文》第5册（第5课）
学生：小学三年级（华裔）

三、分析与评价

这是教师讲解课文中的一个片段，按照这样的方法讲完后，就进入巩固练习了。

从课文讲解的教学过程来看，比较单一，即学生分段朗读，教师讲解。没有由浅入深地一步步完成重点、难点。一般篇章体课文的教学目标是：①能流利或比较流利地朗读课文；②能正确理解课文内容；③能用自己的话对课文进行复述、介绍、改编等；④掌握课文中相关的写作方法或重点词句等；⑤明白课文中所传达的思想教育方面的道理等。这五个方面一般是对篇章体课文教学目标设定时所考虑的方向。当然，每篇课文不一定都有以上五个方面的目标。

在课文的教学环节中，讲解是核心环节，一般需要多个教学过程来衔接完成，从而实现教学目标。因而如果按照教师分段学习的设计，至少可以有这样几个过程：①分段梳理课文。学生先朗诵，教师再讲解（配合使用教具）。②讲解重点词句。先让学生找出来，然后一起讨论其意义和用法（配合使用教具）。③重点理解狐狸神态、动作等。找出相关内容，一起讨论、理解、表演等。④讨论课文中狐狸的特点，说说自己的想法。在巩固练习中也可以训练学生复述课文。

另外，此案例对于课文的讲解方法也是非常单一的，教师有一点启发的意识，但主要还是“告知”，是输入，没有互动。学生主要是听、读，没有适量的说、写、思考、做、玩，容易对汉语学习产生厌烦的情绪。

案例 13　巩固练习灵活多样、循序渐进

一、描述

练习 1：教师根据教室的布置提问。

墙上挂着什么？黑板上写着什么？讲台上放着什么？……

练习 2：学生看 PPT 上显示的图片（一张室内的图片、一张室外的图片）进行问答。

五组学生（两人一组）进行问答练习，如：

A：门口停着什么？

B：门口停着一辆汽车。

练习 3：学生上讲台抽取图片（每张图片的内容都是独立的）问答。

三组学生进行对话，如：

A：书柜上贴着什么？

B：书柜上贴着照片。

二、相关背景

教材：《汉语教程》第 2 册上（第 10 课）

学生：小学二年级（华裔）

三、分析与评价

针对“动词 + 着”这一语法点教师设计了三个练习。首先是教师针对教室内的场景向学生提问；其次是教师请两位学生看图相互问答；最后教师请学生上讲台抽取图片，根据图片问答。

在这个巩固练习的教学环节中，既设置了大量的练习，又考虑到了练习中“动词 + 着”这一句法结构所用到的动词、名词以及练习形式的多样性。同时，练习的句子都是常用的、典型的，并具有一定的层级性，做到了循序渐进，如由“师问生答”到“生问生答”。其中，“生问生答”环节中，开始是一张大图共同参与，有的学生回答稍有困难，可先向他人学习，而后过渡到各自取图问答，独立性增强，相对来说难度稍大一点。

另外，整个练习以交际为导向，并没有孤立地让学生练习语言的结构形式，而是在交际练习中训练语法结构的使用，成功做到了让学生由知识到能力的训练和转化。

案例14　好的导入是成功的一半

一、描述

教师讲授课文《司马光砸缸》，用视频导入（播放到一个小孩儿掉到水缸里就停下来）。教师提问：刚刚看到了什么？大家猜猜接下来会怎么样？小孩儿得救了吗？然后导入新课：结果到底怎样呢？我们来学习第10课（板书课文题目）。

二、相关背景

教材：《汉语》[①] 第5册（第10课）
学生：小学三年级（非华裔）

三、分析与评价

导入内容对于新课的学习非常重要，好的导入相当于课堂教学成功了一半。如果教师在教学中，对每个新内容的讲授都能设计一个好的导入，就能大大增强教学效果。导入的目的，主要是使学生集中精神，进入新课学习，并对将要学习的内容产生兴趣。

导入的方法很多，可以直接采用导入，即直接说出今天要学的内容；也可以采用间接导入法，结合具体的内容，采用图片、动作、实例、情境、故事、音乐、视频、动画等手段，会更直观、形象，趣味性更强。另外，

① 《汉语》，由暨南大学出版社于2007年出版。

可以根据新旧知识的关联，以旧带新，或根据语言对比，以第一语言带出第二语言等。

案例中的教师根据课文的故事，选择网上《司马光砸缸》的视频导入，并且在合适的地方停下来提问，激发学生对课文学习的兴趣和欲望。如果将视频播放完毕，学生再来学习课文，就失去新鲜感和求知欲了。

当然，如果没有网络资源，就这篇课文而言，教师可以讲故事导入。如果学生提前预习了课文，可以请一个学生简要讲讲课文内容，再学习。

采用间接导入法，往往需要一些过渡性的话语，将学生的思维聚焦到新学内容，并激发学习热情。因此，可以激发学生说：我们现在来学习课文，看看××学生讲得对不对、好不好，我们学完课文后，大家再来讲讲，比一比谁讲得最好。

第二节　学生特征把握

案例15　巧妙利用学生特征

一、描述

师：看图片，她在做什么？（学生跟教师读）Hello。（走到一个学生身边提问）你是哪国人？

生：泰国。

师：“你好”，用泰语怎么说？

生：Sawadi。

师：一起说。

生：Sawadi。

师：（走到另一个学生旁边提问）那你是哪国人呢？

生：菲律宾。

师："你好"，用菲律宾语怎么说？

生：Kumusta。

师：一起说。

生：Kumusta。

师：同学们，把"你好"变成你们国家的语言，这个行为叫什么？叫"翻译"。

生：（跟读）翻译、翻译。

二、相关背景

教材：《汉语教程》第1册下（第18课）

学生：小学四年级（非华裔）

三、分析与评价

教师在讲解"翻译"这个词的词义时，充分利用学生的多语背景，让学生用自己国家的语言来说"你好"，亲身体验翻译的过程，而不是仅仅通过展示、带读、口头解释，让学生知道有这样一个词语。

这样的教学方法，没有停留在词汇知识层面，而是巧妙利用学生国别不同的特征，让学生具体地"做一做"。不仅有助于学生理解、记忆词语，而且能增强学生的学习兴趣，强化、提高学生对汉语学习、运用的动机和能力。

案例16　教学语言、内容不符合学生特征

一、描述

1．教师上课前贴上红色、黄色、蓝色的图片（包括太阳、天空的简笔画）和词卡。

2．直接导入，板书：认识颜色。

3．讲解红色：（师）今天老师要教三种颜色。第一种是红色。红色是最普通的颜色，老师的衣服也是红色，××小朋友，你的衣服是什么颜色？（红色）领读两遍。（师）红色代表什么？（图片上有一个太阳的简笔画，学生无法回答，教师就跳过）

4．讲解黄色：领读两遍。（师）老师带你们去××，你们看到是什么颜色的？（黄色）

5．讲解蓝色：（师）这个“天空”是什么颜色的？（白色）它的云层是什么颜色的？（白色）为什么能比喻成蔚蓝的天空？（无人回答）因为天空有什么颜色？（蓝色）有蓝色，那么云层是什么颜色的？（白色）领读两遍。

6．练习。

二、相关背景

教材：自编

学生：幼儿园大班（华裔、非华裔）

三、分析与评价

该教师的教学内容是三种颜色，教学对象是幼儿园大班的孩子。但是在教学语言方面，很明显不符合教学对象的汉语水平。如讲到红色，提到“普通”“代表”，讲到蓝色，提到“蔚蓝”“比喻”“云层”等。违背了“可懂输入”的原则。一般而言，教师尽量用学生能懂的语言来讲解新知识。

另外，从教学内容来看，举例和说话都比较随意，不能准确把握孩子的年龄和水平。如举例说“啤酒是黄色的”，一般情况对幼儿说“酒”不合适（特殊情况除外）。可根据幼儿的实际生活，以及他们的汉语水平，找出不同颜色的实物（或用图片）来举例，如车、纸、笔、门、杯子、帽子等。

另外，讲解出现错误：“为什么能比喻成蔚蓝的天空”，应为“为什么能说蔚蓝的天空”。

案例17　使用“术语”要考虑学生特征

一、描述

教师讲解词语“这么”：

师：同学们，看一下这张图，天是什么颜色的？

生：蓝色的。

师：我们可以说“天很蓝”。下面的花香不香？

生：香。

师：我们可以说“花很香”。如果同学们遇到了这样的生活场景，会感觉到生活很美好是吧？

生：是的。

师：我们可以说：“天很蓝，花很香，生活很美好。”我们也可以说：“天这么蓝，花这么香，生活这么美好。”意思是一样的，“这么”表示“非常”或者“很”。

（生跟读）

师：“这么”，是指性质、状态、方式等。如：

（1）这么好的天气，我不能待在家里。这里的“这么”表示非常，我们可以说：“非常好的天气，我不能待在家里。”

（2）这张桌子原来就这么放的。这里的“这么”表示“这样”，也可以说：“这张桌子原来就这样放的。”

（3）句子应该这么翻译。这个例句中的“这么”还可以怎么说？

生：这样。

师：对了，“这样”。我们也可以说：“句子应该这样翻译。”

二、相关背景

教材：《汉语教程》第1册下（第25课）

学生：小学三年级（华裔）

三、分析与评价

教师在讲解过程中，注意采用例句进行分析，降低了学习“这么”的难度，但未能准确把握学生的汉语水平和年龄特征。

一方面，讲了“这么”的多个意义，对于低年级学生而言，多义词一般不宜一次讲太多意义，一般需要将多种意义进行分散教学。如果第一个意义是复习，那么在课堂上可以增加第二个意义作为学习的主要内容。或者只讲课文中出现的意义，复习已学过的意义。如果词语意义非常简单，易于理解，教师可以考虑适当拓展知识，多讲一些内容。

另一方面，在讲解中，提到了一些专业术语，如“性质”“状态”“方式”等，一般而言，学生如果不能理解这些术语，不宜将术语直接告知学生，而是需要用学生能懂的方式讲解，通常让学生理解意义、学会使用即可，除非学生有学习专业汉语的需求。当然，一些非常简单、常用的术语，如果通过教师的引导，学生能理解，那么，可以适当分步讲解，如“名词”“动词”等。

另外，如果讲解“这么”的“指代”义，教师可以不提术语，语境再充实、具体一些，如：

师：你知道从教学楼到学校门口怎么走吗？

生：从教学楼门口的小路一直往前走，然后往左，就到了。

师：他说得对吗？

生：对。

师：他说得很好，就是这么走的。从教学楼门口的小路一直往前走，然后往左。

教师还可以请一个学生上台写一个汉字，写完后评价：“对吗？对！就是这么写的。”通过类似例子，让学生明白其含义，并灵活使用。

案例 18　针对学生特征设计汉字教学

一、描述

1. 介绍永字八法：①出示永字。②介绍每个笔画。

2. 学习笔画“横”：①介绍笔画名称，英文翻译。②动画演示笔画“横”的书写（自编动画：一个黑色圆点，从左到右移动，然后消失，出现一横）。③带领学生书空练习。④学写汉字“一”“二”“三”。

3. 学习笔画“竖”：①介绍笔画名称，英文翻译。②动画演示笔画“竖”的书写（自编动画：一个黑色圆点，从上到下移动，然后消失，出现一竖）。③带领学生书空练习。④学写汉字“十”。

4. 延伸拓展：介绍学会笔画“横”“竖”以后，可以书写的数字有很多，如“三十”“三十一”“十三”“二十三”等，并配上阿拉伯数字。

二、相关背景

教材：自编

学生：大学一年级（非华裔零起点）

三、分析与评价

此案例是针对非华裔零起点大学生的一节汉字引入课。

第一，就学生的年龄特点，先介绍有趣的永字八法，一个汉字包括了八种笔画，对于大学生而言，这种高度有效、抽象的笔画特征，足以引起学生的兴趣，使学生大致了解笔画的概念。另外，学习两种笔画后，进行拓展，让学生看到用这两种笔画写出的四个汉字进行组合的超强功能，刺激学生的学习动机。

第二，针对非华裔学生的特点，利用自编动画，让学生对两种笔画的书写顺序印象深刻，同时，动画的趣味性减少了学生对汉字的畏难情绪。

第三，针对学生的英语背景，使用英语进行翻译解释，能很快地让学生明白两种笔画名称的含义。同时，也符合大学生抽象理解以及原因探究的年龄特征。

第四，针对零起点学生的汉语水平，内容的内在设计比较科学、合理，难易适度，并注重内在的契合度和连贯性。

当然，以上分析只是就此案例而言，同样的方法也可以适用于别的学生，如动画演示也适用于年龄小一点的学生。

案例 19　根据学生需要定制教学内容

一、描述

1. 讲解词语：飞机、火车、公交车、出租车、机场、火车站、公交车站、出租车站。

2. 讲解句式：①请问这是去上海的火车吗？请问多少钱？到站（请）告诉我，谢谢！②请问火车站在哪里？

3. 复习。

教学语言、方法：英语讲课，主要采用翻译法、跟读法，教师及时正音。

二、相关背景

教材：自编

学生：成人、非华裔（零起点）

教学模式：一对一

三、分析与评价

此案例的学生是非华裔零起点的成人，其学习汉语的目的是来中国旅游。因而教师根据学生的需要，定制教学内容，主要讲解入住酒店、餐厅用餐、自我介绍、乘坐公共交通工具、购物等主题需要用到的主要词语和句子。

这种一对一的教学，教师可根据学生的实际需求和主要学习目的选择、确定教学内容，并可参阅相关教材进行选择和调整。

教学语言采用学生第一语言，是科学合理高效的。教学方法上除了翻译、领读外，还可以根据学生的年龄等特征，选择多样化的手段，如图片、视频，讲解中可进行替换，以及进行灵活多样的练习等。当然，有的学生学习动机很强，单一的教学方法下教学效果也会不错。但采用丰富多样的手段和教学方法，可对学生进行立体、多元化的刺激，加强图片、场景等和语言的联结。学生学到的不只是语言形式，还有背后的文化，记忆中留下的还有视觉印象。

如案例中，讲解交通工具这一主题，教师如果能呈现交通工具的图片以及相关情景，学生到了中国后，对中国场景至少会有熟悉感。另外，讲解中进行替换（如：请问这是去上海/北京/南京/广州/天安门的火车/飞机/公交车吗?）以及多样化的练习（师生角色扮演/根据关键词说句子），能让学生在相似的句式中练习相同内容，避免过于枯燥。语言学习往往需要多次反复，但不能过多重复。

附录：PPT（设置分步呈现）

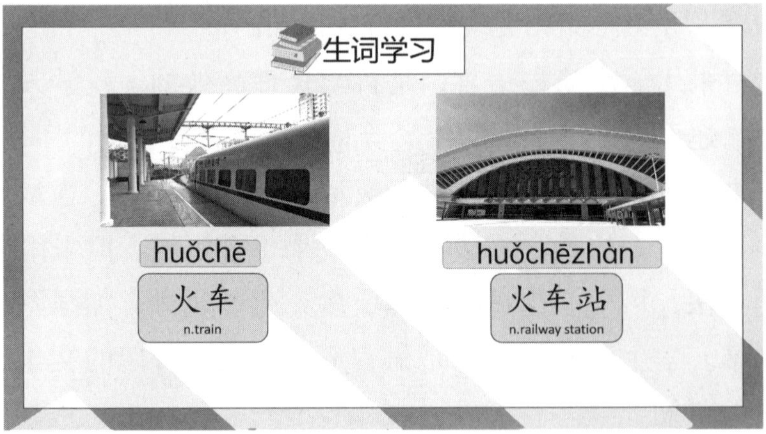

生词学习
gōngjiāochē
公交车
n.bus
gōngjiāochēzhàn
公交车站
n.bus station

生词学习
chūzūchē
出租车
n.taxi
chūzūchēzhàn
出租车站
n.taxi stand

生词学习
jiāotōnggōngjù
交通工具
n.transportation
chūzūchē
出租车
chūzūchēzhàn
出租车站
gōngjiāochē
公交车
gōngjiāochēzhàn
公交车站
huǒchē
火车
huǒchēzhàn
火车站
fēi jī
飞机
jīchǎng
机场

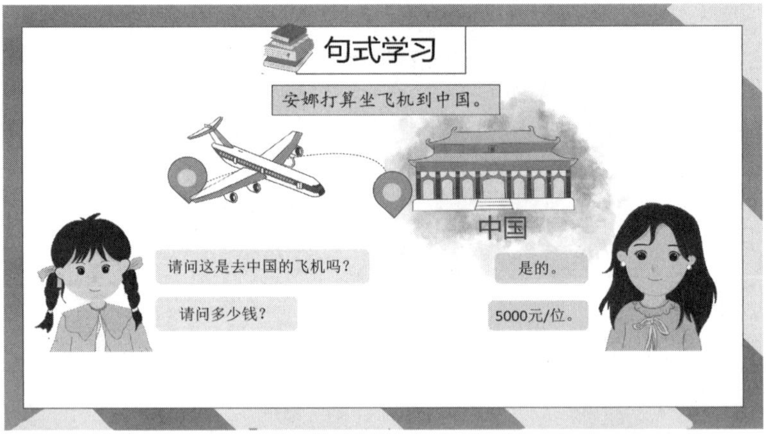
句式学习
安娜打算坐飞机到中国。
中国
请问这是去中国的飞机吗？
请问多少钱？
是的。
5000元/位。

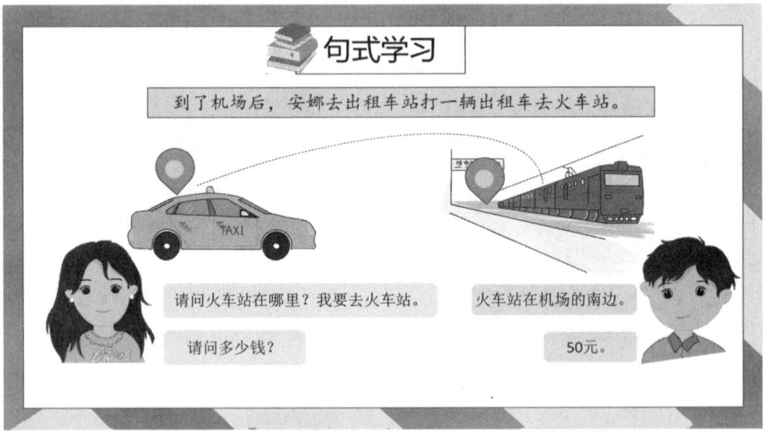
句式学习
到了机场后，安娜去出租车站打一辆出租车去火车站。
TAXI
请问火车站在哪里？我要去火车站。
请问多少钱？
火车站在机场的南边。
50元。

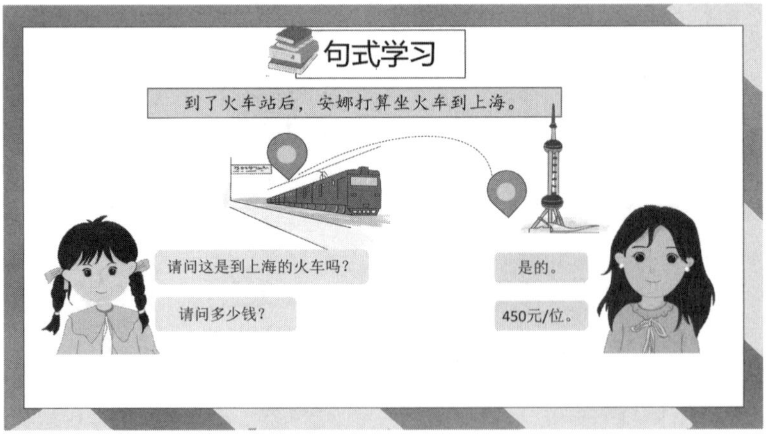
句式学习
到了火车站后，安娜打算坐火车到上海。
请问这是到上海的火车吗？
请问多少钱？
是的。
450元/位。

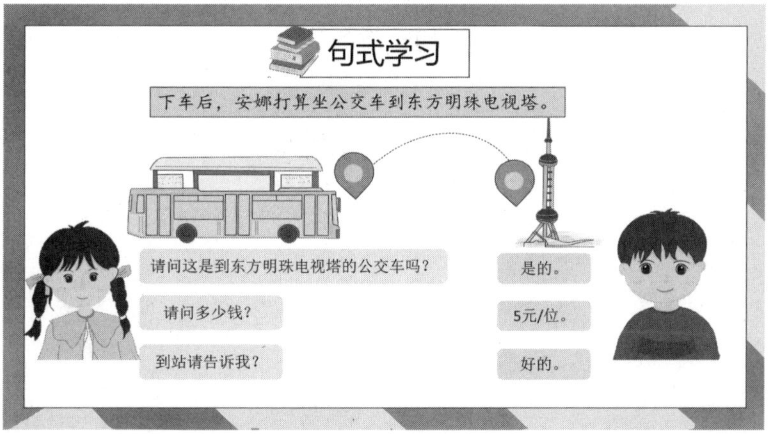
句式学习
下车后，安娜打算坐公交车到东方明珠电视塔。
请问这是到东方明珠电视塔的公交车吗？
是的。
请问多少钱？
5元/位。
到站请告诉我？
好的。

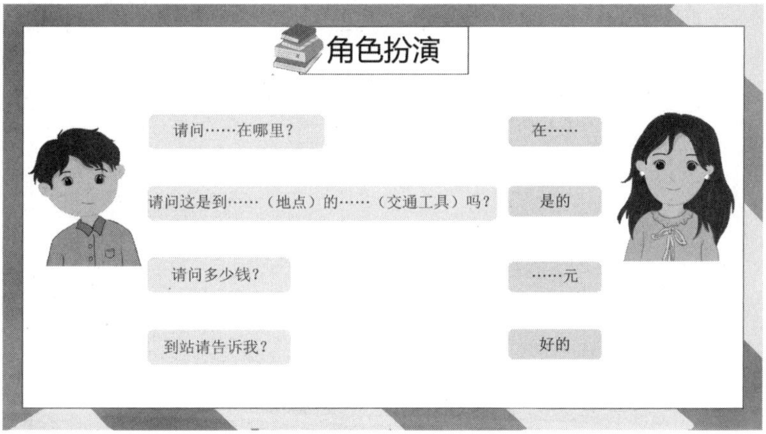
角色扮演
请问……在哪里？
在……
请问这是到……（地点）的……（交通工具）吗？
是的
请问多少钱？
……元
到站请告诉我？
好的

第三章
教学技能技巧

第一节　教案设计

案例20　小学：完整的一课

一、示例

授课教师： 陈惠燕①

教学课型： 综合课

教学对象：

1. 小学二年级（6~7岁），一个班有24名学生。
2. 汉语水平：初级（掌握200个左右的汉字）。
3. 大部分学生的母语是印尼语，只会用汉语进行简单交际。

教学内容：

小学华文二年级2A第6课《手影游戏》，共有1篇课文《手影游戏》和1首儿歌《游戏场》。

教学目标：

1. 能理解“荡秋千、玩泥沙、溜滑梯、骑木马、手影游戏、追、捉、咬”的意思。

2. 能认读“荡秋千、玩泥沙、溜滑梯、骑木马、手影游戏、追、捉、

① 此教案的写作者为陈惠燕（印尼汉语教师，暨南大学在印尼招收的2014级汉语国际教育专业学位硕士研究生），有改动。

咬”。

3．能使用“（我）和（弟弟）都喜欢（溜滑梯）”的句型。

4．能正确书写“玩泥沙、骑木马、游戏、追、捉、咬”。

5．能正确、流利朗读课文并理解课文内容。

教学重点：

1．能认读“荡秋千、玩泥沙、溜滑梯、骑木马、手影游戏、追、捉、咬”。

2．能使用“（我）和（弟弟）都喜欢（溜滑梯）”的句型。

教学难点：

能正确地书写“玩泥沙、骑木马、游戏、追、捉、咬”。

教具准备：

与课文中具体事物相对应的图片、相关字卡、PPT、白板、大电灯、糖果（作为奖励）

教学时间：

2 节课（共 80 分钟）

教学步骤：

1．导入新课，激发兴趣。

“同学们，老师想问一问！你们平常放学后，会做什么呢?”学生会依据教师的问题回答。学生的答案各种各样，据此情况，教师再次提问：“你们平常都喜欢去学校操场的什么地方玩?”（引学生说出“去游戏场玩”，学生有可能用母语回答）

2．学习生词。

“对了，游戏场。”（这时，在 PPT 上出现“游戏场”的汉字、拼音、图片）“来，跟着老师读‘游戏场’。”（这个环节，教师要让学生初步掌握“游戏场”的读音和意义）

学生掌握好了认读“游戏场”后，教师提问：“你们平常在游戏场玩什么?”引导学生说出“荡秋千、玩泥沙、溜滑梯、骑木马”等生词。比如：学生用母语说“荡秋千”。这时教师就把 PPT 的图片和词换成“荡秋千”。教师再问：“谁喜欢玩荡秋千?”学生会举手说：“老师，我!”这时，教师就在白板写“Charles（学生的名字）喜欢玩荡秋千。”教师还写“Rita（学生的名字）喜欢玩荡秋千”。这时，教师要求学生一起读一下白板上的两个句子。读完后，教师跟学生说：“这两个句子可以这样说‘Charles 和 Rita 都喜欢玩荡秋千。’”然后直接在白板上写上“Charles 和 Rita 都喜欢玩荡秋千”，要求学生齐读。读完后，教师把“……和……都……”写在白板上。接着，教师要求学生用白板上的句型造新的句子（教师可以从旁协助）。其他三个词“玩泥沙、溜滑梯、骑木马”可依照上述方法学习。

初步认识以上词语后，教师拿出电灯，问学生：“同学们，这是什么?”学生用母语回答后，教师跟学生说：“我们今天要玩一个游戏，你们猜一猜我们要玩什么游戏?”这时教师把电灯打开，然后把手做成飞鸟状，墙上就出现了鸟的样子。教师引导学生说出“手影游戏”。这时教师把 PPT 的图片和词换成“手影游戏”。教师再问：“你们看教师在做一只什么?”引导学生说出“鸟”。这时教师把 PPT 的图片和词换成“鸟”。学习其他词如“猫、狗”等，可依此进行。

教师问学生：“你们会做刚才的动物吗?”教师引导学生用手做不同的动物形象，边做边用汉语说出每个动物的名称（让学生复习用汉语说出动物的名称）。

“同学们，让我们用手影完成一个小故事，好吗？这个故事中，大家要用到‘追、捉、咬’可以吗?”这时，教师拿出“追、捉、咬”的字卡，一个一个地用动作和 PPT 中的图片来解释字义。

学生初步能认读“追、捉、咬”后，教师把字卡贴在白板上，要求学生再读一次。读完后，教师邀请两位学生和自己一起示范怎么样用生字“追、捉、咬”表演手影故事。示范完后，教师将学生分组，让大家尝试用“追、捉、咬”表演手影故事。每演完一个手影故事，教师都会提问：

①×××（学生的名字），要做什么动物？（引导学生用汉语说动物的名称）

②谁追谁？（引导学生正确地说“……追……”）（答：小狗追小猫。）

③谁捉谁？（引导学生正确地说“……捉……”）（答：小狗捉小猫。）

④谁咬谁？（引导学生正确地说“……咬……”）（答：小狗咬小猫。）

依此反复进行到第四组学生来表演。

表演完后，教师利用 PPT 把“荡秋千、玩泥沙、溜滑梯、骑木马、手影游戏、追、捉、咬”的图片和词播放出来，让学生读。

读完后，教师利用 PPT 展现“荡秋千、玩泥沙、溜滑梯、骑木马、手影游戏、追、捉、咬”的图片，让学生说一说图片里画了什么。

读完后，教师拿出字卡要求学生一起读，或学生分组读，或学生逐个读。接着，教师把字卡全部贴在白板上，要求全体学生读一遍。

3. 学习课文。

“同学们，请打开课本，翻到第六课的《手影游戏》！你们看！课文下边的图案告诉了我们什么事？谁能说一说？”（引导学生根据图案说一说课文大概的内容）

“这篇课文是不是跟×××（学生名字）说的一样？那，我们来读一下这篇课文。”（教师带读课文，要求学生读准字音，有感情地读课文）教师带读课文后，学生分组读。

读完后，教师就分段解释和提问：

（1）第一段：

①他们在玩什么？（答：手影游戏。）

②他们在哪里玩？（答：他们在灯光下玩手影游戏。）

③弟弟做一只什么动物？（答：弟弟做一只小鸟。）

④姐姐做一只什么动物？（答：姐姐做一只猫。）

⑤谁在追谁？（答：猫要追小鸟。）

（2）第二段：

①哥哥做一只什么动物？（答：哥哥做一只小狗。）

②谁在捉谁？（答：猫要捉小鸟。）

③谁要咬谁？（答：小狗要咬猫。）

④他们玩得怎么样？（答：他们玩得很高兴。）

⑤你怎么知道的？（答："我"和爸爸妈妈看着他们玩得很高兴。）

⑥课文里总共有几个人？（答：六个人，有爸爸、妈妈、"我"、哥哥、姐姐和弟弟。）

解释和提问后，教师在白板上板书以下内容：

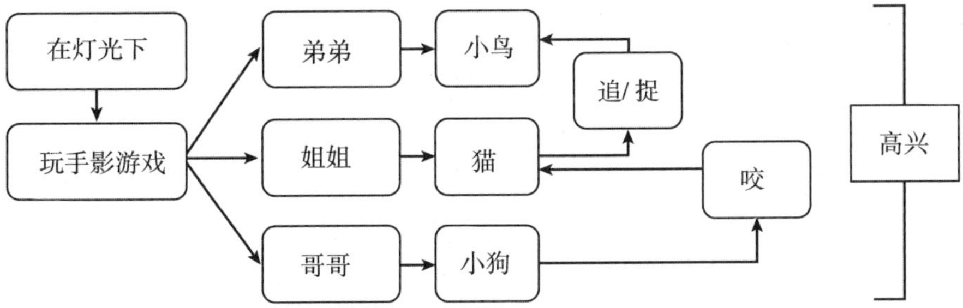

学生依据板书复述课文（教师可邀请 3 ~4 位学生来简单复述一下课文）。

4．学习儿歌。

教师把"荡秋千、玩泥沙、溜滑梯、骑木马"的字卡拿出来，要求学生读。然后教师说："好，我们现在要唱一首关于这四个词语的儿歌。"接着进入学习儿歌的环节。

教师带读儿歌后，要求学生分组读，哪个组读得流利、标准，就能得到奖励（每人一粒糖果）。分好奖励后，教师就分段解释和提问：

（1）第一段：

①这首儿歌里有几个人？（答：三个人，有小文、小美和阿里。）

②在这一段他们玩了什么？（答：他们溜滑梯和荡秋千。）

（2）第二段：

在这一段他们玩了什么？（答：他们玩泥沙和骑木马。）

（3）第三段：

①在这一段他们玩了什么？（答：他们跑来跑去。）

②他们玩得怎么样？（答：他们玩得很开心。）

5. 学习写生字。

教师又拿出“玩泥沙、骑木马、手影游戏、追、捉、咬”等字卡贴在白板上，要求学生读，读完后，教师说：“好，今天我们已经会读这些词语了，现在我们要学习怎么写了。同学们，拿出你们的本子，我们开始学习正确的写法。第一个是‘玩泥沙’。”教师在白板上示范正确的写法和每个字的正确笔顺后，要求学生每个字写五遍。学生在写的时候，教师要观察每个学生写得是否正确。其他的生词可依次进行。

6. 课堂总结。

学习书写后，教师拿出字卡随机或点名要求学生读（教师要确定大部分学生已经掌握了生词）。

7. 布置作业。

问一问你的朋友喜欢玩什么游戏？然后请把你收集的资料以“……和……都喜欢……”的句型写出来。（最少要五个句子）

二、分析与评价

此案例是小学阶段一课完整内容的教案设计。

1. 主要优点。

第一，教案的形式：说明部分基本清楚，教学步骤的设计基本完整，写作比较规范。

第二，教案的内容：①说明部分的各个项目交代比较清楚、合理，与教学步骤的设计基本相符，根据教案中教学步骤的设计施教，基本能完成说明部分的教学目标。②整个教学设计体现了比较多样、灵活的教学方法和思路，比较符合学生的年龄特征，比较详细地陈述了教师要实施的教学行为和主要细节，并对学生的重要反应做出了预测。

2. 主要不足。

第一，形式方面：教学步骤中，对具体教学环节以陈述的形式展开，但并未写出具体的内容，使得教学步骤中各环节的层次不太清晰。例如“学习课文”部分，可提炼出“看图说课文、朗读、提问、串讲”等步骤，使教案纲目得以清晰。纲目清晰主要指教学步骤中的各个环节陈述清楚，层次清晰。

第二，内容方面：①个别教学步骤设计不够，如汉字的书写，主要采用的是教师示范、学生模仿的教学方法，这样做的结果是学生书写难度大，尤其是记忆难度大。同时，教师将汉字的书写列为教学难点，既然对于学生来说很难，那么在教案中更应该体现如何突破难点，如何让难点变容易。建议针对各个汉字的重点、难点进行讲解之后，再让学生书写和记忆，效果会更好。因此，教案中应该要有汉字的讲解环节。②最后一个教学目标，即“能正确、流利朗读课文并理解课文内容”。一般而言，应该算是一个教学重点，但在“教学重点”中却未列出。教学重点一般耗时较长，是整个教学的重要内容之一，通常要求学生必须掌握。

另外，如果在说明部分增加“教学思路和方法”，可以让教案设计更明朗，也可以让读者更清晰地了解教案的设计。

案例 21　小学：课文教学

一、示例

授课教师：金恩兒[①]

使用教材：《语文》（人教版）一年级下

教学对象：韩国小学一年级学生（华裔）

教学课型：综合课

教学内容：第 11 课（《美丽的小路》）课文部分

教学目标：

1. 正确理解课文，理解文中优美的词语并会正确运用。
2. 能用自己的话说出图画的内容，感受小路的美丽。
3. 通过这篇课文的学习，懂得美需要大家的维护和管理。

教学重点：

1. 理解课文内容。
2. 积累课文中优美的词语并学会使用。

教学方法：

实物展示、动作演示、图片、游戏、情景、画画

① 此教案的写作者为金恩兒［韩国汉语教师，暨南大学 2017 级汉语国际教育专业学位全日制硕士研究生（国外生）］，有改动。

教学思路：

看图画→感受图画→说出图画内容→诵读图画→理解图画→看图画画。

教具准备：

卡通小动物、生字卡、PPT、自制课件

教学时间：

1 课时

教学过程：

上课之前的复习准备：运用情景提示法，帮助学生记忆上一节课学过的单词，为今天课文的学习打下基础。（因为是复习，所以不宜占用过多的时间，帮助学生记忆的同时，容易混淆的单词或者难理解的词义可重点强调一下。例如："花花绿绿"中的"花"是什么意思？学生可能会首先想起"花儿""鲜花"的"花"。）

（一）导入

1．（师）我们每天都从学校里的小路走进教室，大家最喜欢学校的哪一条小路呢？（从学生身边最熟悉的事物导入今天要讲的课文内容）

2．交流：听了老师的提问，大家有什么想说的呢？（师生共谈各自的想法）老师最喜欢从医务室通向图书馆的那一条小路，这是一条什么样的小路呢？（展示图片，为学习课文后进行描述埋下伏笔）

今天老师要带大家到另外一条小路上看看，这条小路和我们学校的小路有什么不一样的地方呢？在这条小路上都发生了哪些有意思的事情呢？（通过交流，让学生有一个初步的心理感受，今天要学习的内容和交流的内容有相似的地方，但是也有不一样的地方。）

3．（教师边说边在黑板上画出一条长长的小路来，小路的前面有一座小房子）通过看图，先给学生一个初步的视觉感受，让学生思考"我应该怎么说呢”，在教师的逐步引导下，学生学会用自己的话来回答问题，先用一个词来回答，接着过渡到一个短句再到一个完整的句子，最后能成段表达。整个过程需要教师耐心地引导，给予学生自主思考的时间。

（二）学习课文

1. 过渡（教师边画边问学生）：这是谁的家？它家的前面有什么？

这两个问题需要学生集体回答，因为学生刚开始进行看图说话，可能会比较紧张，等学生发挥得越来越好时，就可以点名提问了。教师要及时给予学生鼓励，即使说错了也没关系，在给予一定的肯定后再引导其他学生说出正确的答案。

2. 承接课文（师问生答）。

教师伴着“咚咚咚”的登场声音，拿出鸭子图片，问学生：“它是谁？我们可以礼貌地叫它什么？”用这些相对来说比较简单、容易回答的问题，建立学生的自信，培养学生敢于回答问题的勇气。等学生回答结束后，再把鸭子图片贴在黑板上的小房子前面，让学生看着图片说句子，逐步引导学生学习扩展句子。刚开始学生回答的都是比较简短的句子，例如：鸭先生的小屋前有一条小路。这时教师要充分表示肯定，对学生进行表扬，激发学生继续说下去的决心和信心，这是非常重要的。教师还要及时引导：“是一条什么样的小路呢？大家想一想，我们学过的词语有哪些可以用上？”教师可以给予学生相应的提示。

鸭先生的小屋前有一条长长的小路。

当学生看着黑板上的图画，可以慢慢地说出一个完整的句子时，这就是一个好的开始，这是决定整个教学过程能否顺利进行的一个极其重要的引子。教师要据此不断地寻找新的引子：有了小路，那么小路上有什么？路旁又有什么呢？教师的问题，学生一定也在好奇：是啊！路上有什么呢？路旁又有什么呢？

3．教师引导学生。（教师打开 PPT，学生一定会集中精力看图片，因为刚才黑板上的图片是黑白的，现在的 PPT 是彩色的，视觉上的冲击是很大的。教师先不要急于提问，给学生 30 秒的时间，让他们在心里感受、体会，等教师提问的时候，学生应该有了一些准备。）

（1）学生自由发挥，讨论。

（2）引导：小路上有什么？

（学生回答。他们第一次的回答会比较简短，但是能把主要内容说出来就很好了。针对学生的回答，教师引导："怎样用我们学过的词语来说一个完整的句子？"逐步教会学生怎样表达句子，同时教会学生明确一个句子中词和短语之间的层次结构。例如：路上花花绿绿的铺着鹅卵石。学生会犯这样的错误。）

路上铺着花花绿绿的鹅卵石。

给学生创造语境，让他们去感受、体会"铺着""花花绿绿"的先后顺序，从而培养学生对于汉语的语感。

（3）小路旁边又有什么呢？

经过上面几个句子的学习，这时候学生已经进入一个比较熟悉的语境中。可以提问个别学生。针对班里不太积极主动的、内向的学生，对于前面的学习内容已经有了一定的基础，所以这时候提问他们，不会给他们造成很大的心理压力，因此回答也会又快又准确。即使他们没有说出一个完整的句子，再让其他学生补充也是可以的。这样轮流提问几回，尽量做到兼顾每个学生，避免让学生形成教师厚此薄彼的印象。课堂上对于学生自信心的培养也是教学很重要的内容。

路旁开着五颜六色的鲜花。

（4）教师引导：让学生看着图片，进行成段表达。

当学生把每一句都说得很流利的时候，鼓励学生进行成段表达——看图说话，同时教师还应该给予学生重点词的提示。需要注意的是，教师每一步的动作都要从学生出发，感受会不会给学生造成压力，在学习—掌握—扩展的难度等级升级的过程中，尺度要把握得当。即使是今天已经安排好的教学内容，也要根据课堂学习掌握的情况临时做出调整，不能为了追赶教学进度，而给学生造成心理压力，这会成为学生继续学习汉语的一个潜在否定因素。

课文练习：①接力说句子。

②学生个人说。

③学生一起说。

（5）教师引导学生一起总结第一自然段。

先让学生看错误的例句，等学生指出错误后，再引导学生总结出现错误的规律，以及发生错误的几种情况，以避免以后再次出现错误。这样学生的记忆就会更加深刻。

注意：①表示动词持续的状态，动词后要有“着”。

②“先生”的“生”读轻声。

③形容词重叠形式的后面一定要有“的”（这篇课文只涉及单音节的重叠形式）。例：

妈妈喜欢吃红红的苹果。(√)

④形容词重叠后，前面不能有“很”“非常”“太 ”这些表程度的副词。例：

妈妈喜欢吃很红红的苹果。(×)

引导学生进行比较，使用动词重叠形式和不使用动词重叠形式在语感上有什么不同？从而在心理上引起学生对于使用动词重叠形式的重视。例：

鸭先生的小屋前有一条很长的小路。
鸭先生的小屋前有一条长长的小路。

4. 课文继续。(中间穿插着进行重要语法点的复习，要回归课文的时候，尽量做到自然、生动：大家听，小路上谁来了?)

教师引导：鸭先生家前面的这条小路这么美，它的朋友来了（教师拿出一个小兔子的卡通图片），问学生：“它是谁？我们该怎么礼貌地称呼它呢?”让大家仔细看图片，辨别它的性别，然后给它加上称谓。学生回答正确，给予表扬。教师再拿出梅花鹿的卡通图片，问学生：“它是谁？我们该如何礼貌地称呼它呢?”这时候不用个别提问，因为问题比较简单，可集体回答，节约时间。

教师提问：“兔姑娘和鹿先生来到这条美丽的小路上，它们会说些什么呢?”（学生自由发挥。先让学生自己说，等大家都说得差不多的时候，教师再进行补充）

集体说，个人说。最后展示 PPT 图片给大家看。展示之前教师跟学生说："我们现在看看，大家说的跟课文说的一样吗？"当大家看到 PPT 的时候，学生是很开心的，因为他们在没有看到课文的时候，已经用自己的话把课文说出来了，这时候学生不仅会觉得今天学习的内容简单，而且感觉自己的汉语水平不错。对于学生学习汉语自信心的培养非常重要。

最后教师打开 PPT：

兔姑娘轻轻地走在美丽的小路上说："啊！多美的小路啊！"

鹿先生慢慢地走在美丽的小路上说："啊！多美的小路啊！"

5．引导学生感受课文的意境。

（1）课文中出现了哪几种动物？都是什么小动物？

（2）这是谁的小屋？

（3）小屋前有什么？

（4）路上有什么？

（5）路旁有什么？

（6）兔姑娘是怎样走的？说了什么？

（7）鹿先生是怎样走的？又说了些什么？

（8）还有没有其他的小动物来呢？

（9）明天的小路上会发生哪些事情呢？

（10）大家喜欢这条小路吗？大家走在这条小路上是什么样的心情？

教师让大家看着黑板上的词语，并结合图画，把课文先试着说出来。（大家一起看图说）

（三）巩固练习

（在学习之余，进行一次小测试，看看学生掌握的情况。）

1. 完成句子：

（1）路上（　　　　）着（　　　　）的鹅卵石。

（2）路旁（　　　　）着（　　　　）的鲜花。

（3）鸭先生的小屋前有一条（　　　　）小路。

（4）兔姑娘（　　　　）走在（　　　　）的小路上说："啊！多美的小路啊!"

2. 表演节目：让几个学生每人扮演一个角色，表演课文内容。坐在台下的学生读课文，台上的学生按照朗读的内容表演，对学习内容进行再一次的巩固。

3. 练习说说我们学校的小路（针对学习内容进行扩展练习）。

（四）总结、布置作业

鸭先生的小屋前有一条长长的小路，路上铺着花花绿绿的鹅卵石，路旁开着五颜六色的鲜花。大家想一想，以后在这条美丽的小路上会发生什么事情呢？（把打印好的作业给学生发下去，让学生根据图片把今天学习的内容写下来，然后完成一幅或者几幅图，说说明天小路上要发生的事情。告诉学生今天的课就到此结束，精彩的内容明天继续。）

二、分析与评价

此教案只是针对课文部分的教学进行了设计，体现了较好的思路与方法，结合学生特征，既强调了重点词句的理解和运用，也关注到了学生审美、爱护大自然的情感培养，尤其是以"画"为主线，使学生在学习过程中，有一种真实语境的感受，也能调动学生的学习积极性，促进语言能力的发展。同时，教案对教学实施中的细节、想法等进行了比较详细的说明。

主要不足之处是，未将讲解内容进行完整呈现，如果不看PPT，只看教案，内容上稍有缺失。另外，教学环节中具体步骤的标注、说明还不够清晰，如“学习课文”的环节中，可以提炼出“引入—学习第1段—学习课文第?段—感受课文意境”等具体步骤，“课文继续”部分，也可以提炼出具体步骤。这样，在逻辑层级上会更清晰、完整。

案例22　大学：完整的一课

一、示例

授课教师：关迎旭[①]

课程名称：中级汉语1（Lower Intermediate Chinese 1）

所用教材：《步步高中文3》（华语教学出版社）第21课《我马上就下去》，本教材主课文是两段对话，每课有一篇阅读文章。

教学对象：××大学中级班，10名学生

教学内容：

1. 生词30个。
2. 语法：趋向补语、兼语句。
3. 对话（一）、（二）。

教学目标：

1. 理解简单趋向动词："来、去"及其疑问、否定形式的意义和用法。

2. 明确带趋向补语的动词谓语带宾语时宾语的位置，例如：上楼来、带书来。

---

① 此教案的写作者为关迎旭（英国汉语教师，暨南大学在英国招收的2016级汉语国际教育专业学位硕士研究生），有改动。

3. 理解复合趋向动词：由“上、下、进、出、回、过、起”后面加“来、去”构成，其疑问、否定形式的意义和用法。如下表（毛悦，2015）：

	上	下	进	出	回	过	起
来	上来	下来	进来	出来	回来	过来	起来
去	上去	下去	进去	出去	回去	过去	

4. 认清兼语句的结构：“让/允许某人做某事（Subject + … + Object + …）”,以及“请”和“叫”的类似用法。

5. 正确读写本课的 30 个生词，理解生词和课文内容，较流利地朗读课文。

教学重点与难点：

1. 趋向补语的意义和用法。

2. 兼语句中“让/请/叫”的意义和用法。

教学时间：

两课时

教具准备：

PPT、课文文本（带拼音）、讲义

教学过程：

（一）组织教学（1 分钟）

师生互致问候，检查出席情况。

（二）复习（2 分钟）

复习以前学过的与本课有关的几个生词，为学习新课做好铺垫（使用网上生词卡 Quizlet. com）。

（三）导入（2 分钟）

依照具体情况向学生提问。如：××进来了吗？她进来了。他出去了。你带书来了吗？我带书来了。并用动作展示“来”和“去”，带领学生回答并让全班学生集体重复。让学生明白“来”表示向说话人移动，“去”表示离开说话人向另一方向移动。

引入课文：今天学习第 21 课。让学生读课文标题。

（四）生词（20 分钟）（之前要求预习）

1. 出示生词（PPT）（左边是汉字，中间是拼音，右边是生字、生词的释义）：

（1）集体认读生词，不认识的汉字看拼音。

（2）领读。

（3）学生个别认读，同时纠正发音。

2. 生词讲练。教师简要解释生词释义并口头给出简单的例句（给出情境，尽量引导学生说出句子）。

3. 读生词，集体快速读一遍生词（PPT），再读一遍不带拼音的生词。

（五）重点句型讲解（20 分钟）（PPT）

1. 简单趋向动词：“来、去”及其疑问、否定形式的意义和用法。例：你上去吗？他下来了。我们不出去。

2. 带趋向补语的动词谓语带宾语时宾语的位置。例：带书来。

如果是处所宾语，要放在简单趋向动词和中心语之间，例：上楼来、到中国去。

3. 复合趋向动词作方向补语：由“上、下、进、出、回、过、起”后边加“来、去”构成，讲解其疑问、否定形式的意义和用法。例：他爬上来了。他们走进去吗？他没有搬出去。

4．兼语句（asking or allowing somebody to do something）：请/让/叫。

兼语短语由三个部分组成，中间的部分既作前一部分的谓语，又作后一部分的主语。

兼语短语实际上是动宾短语和主谓短语的套用。（毛悦，2015）例：

房东让他搬出去。医生不让他喝酒。我没让他去。

（六）课文学习

1．学习对话（一）（35 分钟）。

（1）学生不看书，听一遍录音。提醒学生注意接听电话时的用语。集中注意力，考查听力理解程度。

（2）学生打开书，边听边看文字，再听一遍。

（3）学生两人一组分角色练习读对话，互相帮助理解课文（分发带拼音的对话讲义，如果学生认读汉字有困难，可以看带拼音的文本）。教师走动，纠正发音。

（4）读完对话（一）后，学生两人一组，按照讲义上的问题，用中文相互提问并回答对话（一）的有关问题。引导学生用课文中的话回答，目的是熟悉课文内容，扫清阅读障碍。

①李小英知道是谁接的电话吗？为什么？

②李小英为什么给王京打电话？

③李小英去王京家用不用爬楼梯？为什么？

④李小英要上王京家里来吗？为什么？

⑤他们要在哪里见面？

⑥楼下是不是有一个咖啡馆？为什么？

（5）让学生将答案写在题目后面，教师检查，并指定六个学生将答案写在白板上。注意汉字书写和标点符号。

（6）检查学生读课文，一人一句，纠正发音并回答学生疑问。

（7）两人一组再读一遍对话（一）。

2．学习对话（二）（35 分钟）。

步骤同对话（一）：

（1）学生不看书，听一遍对话（二）的录音。集中注意力，考查听力理解程度。

（2）学生打开书，边听边看文字，再听一遍。

（3）学生两人一组分角色练习读对话，互相帮助理解课文（分发带拼音的对话讲义，如果学生认读汉字有困难，可以看带拼音的文本）。教师走动，纠正发音。

（4）读完对话后，学生两人一组，按照讲义上的问题，用中文相互提问并回答有关对话（二）的问题。引导学生用课文中的话回答，目的是熟悉课文内容，扫清阅读障碍。

①刚才谁给李贵打电话了？

②李贵的手机怎么了？

③李贵的弟弟这个星期六要做什么？

④为什么李贵的弟弟要搬家？

⑤为什么李贵觉得他会没空帮他弟弟？

⑥李贵这个星期六会帮他弟弟吗？为什么？

（5）让学生将答案写在题目后，教师检查，并指定另外六个学生将答案写在白板上。注意汉字书写和标点符号。

（6）检查学生读课文，一人一句，纠正发音并回答学生疑问。

（7）两人一组再读一遍对话（二）。

（七）布置作业

了解学生的反馈意见（5 分钟）：

1. 熟读对话（一）、（二）。
2. 将两段对话改写成小故事，用第三人称复述对话。
3. 熟记生词，下节课听写。

附录

板书：

关于两个对话的问题的答案，由学生书写，教师订正。

参考文献：

毛悦. 汉语作为第二语言教学：汉语要素教学［M］. 北京：外语教学与研究出版社，2015：167－182.

二、分析与评价

主要优点有：第一，从教案的设计来看，书写比较规范，突出了大学生的年龄和学习特征，如突出语法教学，教学内容的容量大、节奏快。第二，教案详略得当。能把握的，略写；PPT 上有的，略写，如生词具体的讲解内容，PPT 上有。教师虽未将需要把握的内容详细写出，但具体的步骤、提问的内容等写得比较详细，能够满足有一定经验的教师在日常教学中所需教案的要求。第三，根据需要，查阅相关文献，确定自己的教学内容和方法。由于受容量和版式等影响，教材内容往往是不够全面的，教师需要发挥自己的主观能动性，查阅相关文献和资料。一方面可以充实自己的理论知识和相关背景知识，更好地运用于教学；另一方面，可根据需要对教学内容进行适当补充和调整。

主要不足有：第一，说明部分个别地方欠准确，如“教学重点与难点”。通常教学重点是教学过程中耗时较多、比较重要的教学内容，本教案中“生词”（或部分生词）、“课文”的教学应该都算是教学重点。而教学难点是针对学生而言比较难的内容，一般难点不宜太多，否则，内容不适合学生，难度太大。因此，“教学重点”和“教学难点”在这一课中，应该分开陈述（当然，有时教学重点也可以是教学难点）。第二，教学过程中，对话（一）和对话（二）的教学步骤、方法完全相同[①]，是不太合适的，容易让学生产生厌倦感。同时，两篇对话内容不同、学习时间不同、学生的学习状况也不同，采用不同的教学步骤和方法，教学效果会更好。

案例23　学前：语言活动

一、示例

授课教师：赵子英[②]

主　　题：蔬菜

活动名称：好听的瓜之歌

教学时间：50～60 分钟

教学对象：6 岁（K2 大班）国际生

人　　数：16～18 人

① 此授课教师在实际授课时进行了调整，两段对话的教学方法与步骤有了变化，不完全相同了。详见案例37。

② 此教案的写作者为赵子英（新加坡汉语教师，暨南大学在新加坡招收的 2018 级汉语国际教育专业学位硕士研究生），有改动。

主要领域：语言、艺术

延伸活动：语言

教学目标：

1. 能认读儿歌中各种瓜的名称，并能书写汉字“瓜”和“菜”。
2. 能感受儿歌音律的高低和强弱变化，并能按要求的音律念歌谣。
3. 能积极参与活动，表达自己的情感。

教学材料：

1. 儿歌《瓜儿谣》教学挂图。
2. 儿歌中的蔬果图字卡。
3. “台卡”教具以及图、文、句卡。
4. 儿歌节奏型挂图和简易快板。

活动过程：

（一）**导入活动（约10分钟）**

教师介绍蔬菜结构大图（五类：根类、茎类、叶菜、花类、果实类），并重点引出果实类蔬菜（瓜果类如黄瓜；浆果类如番茄；荚果类如豌豆），引起幼儿学习蔬菜瓜果的兴趣。

（二）**主要活动（约30分钟）**

1. 学习儿歌《瓜儿谣》以及儿歌中的瓜果。

（1）教师拿出瓜果图文字卡，让幼儿学习并正确朗读各种瓜的名称。

教师采用选择性三段式教学法：第一段，清楚地告诉幼儿这是什么瓜并让幼儿跟读，如：这是黄瓜；第二段，选择提问，如：这是黄瓜还是丝瓜？第三段，直接提问，如：这是什么瓜？教师在教学过程中特别提示，儿歌中的北瓜是少见区域瓜菜。另外地瓜也叫番薯，不同地方有不同的名称。

（2）教师引导幼儿讨论儿歌中瓜的基本特征。

教师可用提示语：“黄瓜和丝瓜，哪个瓜比较长，哪个瓜比较短?”“地瓜和木瓜，哪个藏在地下，哪个长在树上呢?”“还有，请仔细观察。南瓜和北瓜，什么地方最不像?”

（3）学习并朗读儿歌。

教师拿出儿歌教学挂图，示范朗读儿歌；

教师解释个别难读的、比较复杂的汉字，如：短、胖、藏、爬等；

幼儿带有语调地跟读儿歌，先集体再分组练习朗读。

2. 有节拍地念唱儿歌。

（1）教师用简易快板示范念唱儿歌。

（2）教师介绍儿歌节拍，运用“苹果、梨”进行节奏练习。

（3）教师引导幼儿拍手定拍子，分别用快、慢节奏念唱儿歌，教师可用提示语“小朋友们能感觉到两种唱法的不同了吗?说说看有什么不一样。”“是不是一种慢，另一种快呀?”

（4）幼儿分男女生练习儿歌，如第一、二分句由女生念唱，第三、四分句由男生念唱，到最后两个分句再合唱；或者，每一行中，女生念唱前一分句，男生念唱后一分句。

（5）教师引导幼儿加入适当的助词“呀”“儿”和增加重复语等试唱，增加儿歌的趣味性。如：黄瓜短（呀），丝瓜长；……一点（儿）也不像（呀，也不像）。

3. 学习书写汉字“瓜”和“菜”，并复习句型“我们要多吃……”。

（1）教师介绍“瓜”字，独体字结构框，并让幼儿用食指跟着教师按书写顺序写“瓜”。

（2）教师介绍“菜”字，上中下三段式结构框，并让幼儿用食指跟着教师按书写顺序学习写汉字“菜”。

教师可使用提示语“汉字可以随意乱写吗？菜可以先从最下面的木开始写吗？”复习书写汉字的基本口诀——“从左到右、从上到下”。

（3）复习已知句型“我们要多吃……”，朗读并重组句子“我们要多吃瓜菜”。（延伸作业）

4．结束活动（约5分钟）。

教师示范“台卡瓜儿配”教具，引导幼儿总结儿歌中的瓜果名及其特征，并鼓励幼儿多吃蔬果。

5．延伸活动（约15分钟）。

（1）幼儿分两组，一组进华语角使用教具，另一组做功课（学写汉字“瓜”和“菜”，以及练习写句子“我们要多吃瓜菜”）。

（2）两组陆续交换使用教具。

附录1：儿歌《瓜儿谣》

黄瓜短，丝瓜长，
西瓜圆，冬瓜胖，
南瓜和北瓜，一点也不像。
地瓜藏地下，木瓜爬树上，
一群瓜娃娃，各有各的样。

附录 2：自制学具

学具一：台卡瓜儿配（教案《瓜儿谣》的延伸教具）

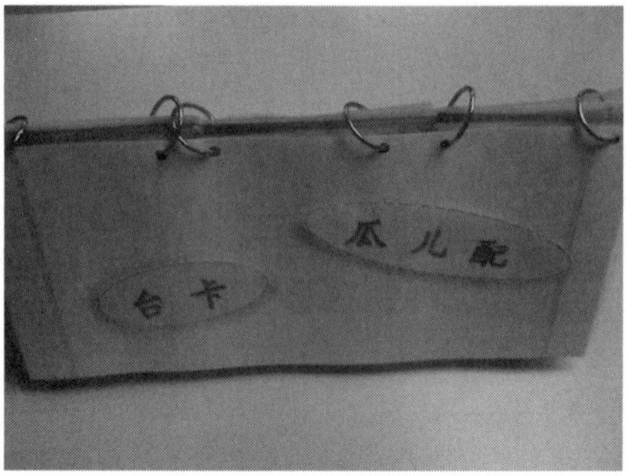

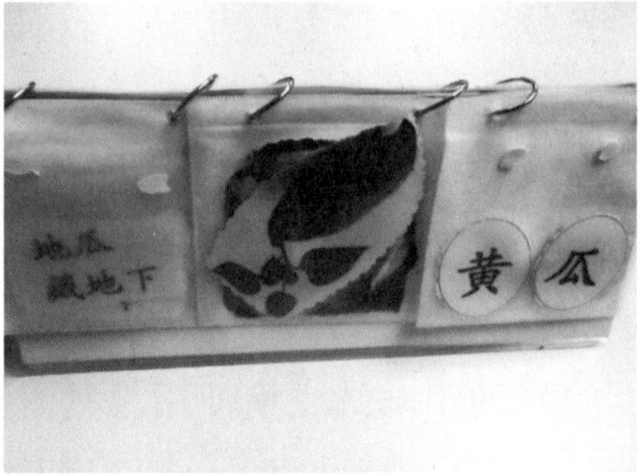

材料：三段式台卡（绿、黄、粉、蓝、红五层）、瓜儿图卡（黄瓜、丝瓜、冬瓜、地瓜、木瓜）、瓜名文字卡和短句（黄瓜短、丝瓜长、冬瓜胖、地瓜藏地下、木瓜爬树上）。

操作：单独或两人操作，先拿出一组图卡，再依次配对相应的内容，如：选丝瓜图放第一段卡片，再通过游戏或者轮流的方式，配对丝瓜文字以及短句“丝瓜长”分别放同一层颜色的第二段和第三段卡片。

目的：能认读瓜名并配上正确的短句。

学具二：投词组句

材料：贴六面蔬菜名的骰子（萝卜、黄瓜、菜花、洋葱、青椒、茄子）、CD 光盘、汉字结构框、句卡（营养丰富的萝卜、脆脆的黄瓜、像花朵的菜花、让人掉泪的洋葱、不辣的青椒、爱穿紫衣的茄子），以及两张粘贴句卡板。

操作：单独或多人操作，先用骰子投一个蔬菜名，然后根据汉字结构挑选结构光盘，并从光盘内找出汉字，找到蔬菜名一样的汉字后，再选择相应的句卡粘贴在板上。

目的：能辨别六种蔬菜名称汉字以及结构组合。

学具三：转盘分分类

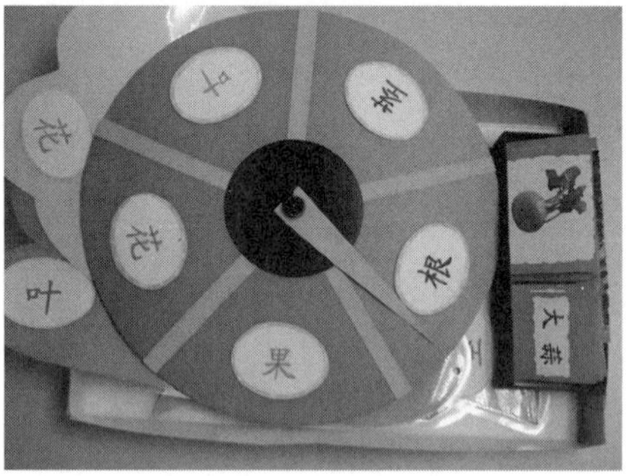

材料：光盘圆孔架上放圆硬板，板上五等分，分别写上根、茎、叶、花、果，中心板上放指示箭头，配套的蔬菜图和文字卡，以及五种形状彩纸。

操作：单独或小组操作，由一方转盘，另一方按指示箭类别选择相应的蔬菜图文卡并粘贴在彩纸上。

目的：巩固蔬菜分类知识，并能正确配对。

学具四：猜猜配配

材料：CD 白色软膜套九个、连接绳以及储物方盒，其中软膜套和盒子串联在一起，还有蔬菜谜语卡以及配套的蔬菜名。

操作：两人操作，一人拿谜语卡，另一人拿谜底，玩我读你猜的游戏，如果对方答不出来，有图片可以提示，配对成功后将谜语卡正反面分别插入 CD 膜套上。

目的：加深对蔬菜的认识。

学具五：选词串句链

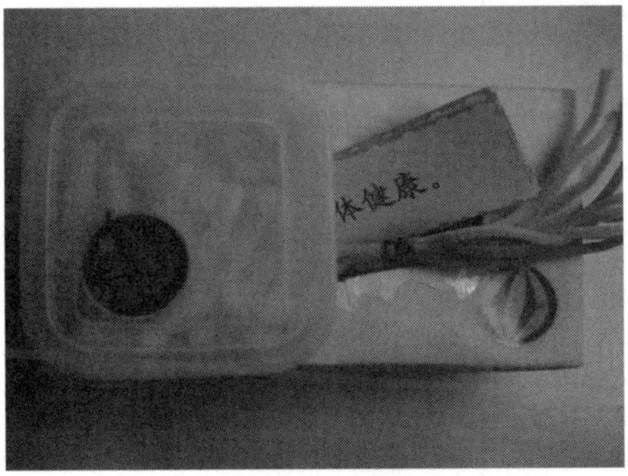

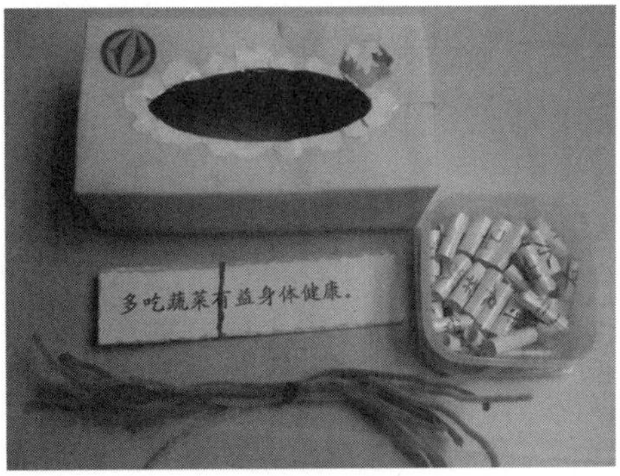

材料：包装纸巾盒、大吸管字段以及参考句条（句条：我们要多吃蔬菜、我们要多吃瓜菜、多吃蔬菜身体好、我喜欢吃瓜和菜）、串链连接绳。

操作：单独或两人操作，各吸管字段全部放入纸巾盒内，参考句条（自创句型）从盒内摸相应的字段，然后用连接绳串成链子。

目的：能组合通顺准确的句型。

二、分析与评价

教案是针对6岁幼儿设计的语言活动课，突显了“语言+活动”的特征，用语言主导活动，在活动中学习语言。以蔬菜为主题，选择了幼儿容易掌握的相关蔬菜知识，以及相应的语言内容，将之置于丰富多彩的活动中，并为活动准备了多种教具，使之更加形象、直观。同时，教师制作了多样化的、趣味性强的学具，能让幼儿充分参与活动，尊重幼儿的多样性特征，在“做”和“玩”中学习语言。

教案的写作比较规范，层次清晰。如果在说明部分增加“教学思路与方法”，附录部分增加“板书设计”，教案会更完整。另外，教学材料可根据幼儿特征进行适当调整和修改，如儿歌中的“藏”字太复杂，对于幼儿来说太难，可以换成“躲”“钻”或“在”。

第二节　提　问

案例24　该问不问，教师直接说内容

一、描述

1. 学生齐读。
2. 教师提问：“谁能告诉我这篇是在说什么？”个别学生开始说，然后

教师请那位学生回答。（教师未做点评）

3. 教师：这一篇是在说孙子亮亮给爷爷写了一封信。他说爷爷我今天收到了您写的信，爷爷寄给他的信上面有长城邮票。他很喜欢这个邮票，然后他知道北京是中国的首都，首都是什么？（学生用英文回答）那里有长城、故宫、颐和园，还有天安门广场，这些是北京的景色。爸爸说今年暑假我们全家要去北京看望您和奶奶，那个时候他们就可以一起去爬长城，看故宫、看天安门。亮亮还说亲爱的爷爷，我的中文水平是不是有了很大的提高？今后我还要好好学习，争取更大的进步。进步是什么？（学生用英文回答）最后下面写的是，祝爷爷奶奶身体好。

4. 学生齐读，每组读一段。

二、相关背景

教材：《中文》第 4 册（第 1 课）

学生：小学二年级（华裔，家中有中文交流环境）

三、分析与评价

从教学过程来看，大致的安排是可行的，即齐读、提问说大致内容、串讲、分段读。但串讲时，教师将内容和盘说出，只在个别地方进行解释和提问，学生锻炼的机会少，只重点训练了“听”。

这种篇章体课文的教学目标一般有：流利地（根据学生情况也可以是比较流利）朗读课文；理解课文内容；能根据课文内容进行交际，主要是说、写。因而在串讲课文时，除让学生理解课文内容外，还需训练学习“说”的能力，由说词、句子到成段表达。在串讲前，教师问课文的大致内容，主要考查学生读完课文的总体印象，训练学习说句子或成段表达。串讲时，可根据课文顺序，抓住课文的关键内容进行提问，解剖细节，包括对重点词句的理解，最后阐发、延伸其他内容，如文化、思想教育方面的问题。

以上串讲过程中，可问以下问题：

谁给爷爷写信？为什么写信？（收到别人的信，然后写信给别人，叫什么?）爷爷寄给他的信上面有什么？亮亮喜欢吗？（出示一些邮票的图片，让学生找出哪个是长城邮票）你喜欢吗？长城在哪里？北京是中国的什么？首都是什么？英国的首都是哪里？北京还有什么？（出示北京和伦敦一些景点的图片，大家一起找一找、说一说）爸爸说什么时候去看望爷爷奶奶？你的爷爷奶奶住在哪里？你一般什么时候去看望他们？今年夏天什么时候放假？那时他们想一起去做什么？亮亮觉得自己的中文水平怎么样？你们觉得自己的中文水平怎么样？

除以上细节问题外，还可延伸：你去过北京吗？喜欢北京的哪些地方？今年夏天放假你打算做什么？你打算怎样努力学习？

以上是基于教师所说的课文内容进行的设计，具体在教学过程中可根据学生的水平和情况进行灵活设计。另外，如果课文一次性串讲，内容太多，可以分段串讲，即讲完一段，巩固练习，再讲下一段。或者，内容少的几段可一起串讲，长的段落可一段一段讲。此外，拓展延伸环节还可设计生生互动、上台汇报等形式；根据学生的实际需要，也可在课堂上训练学生的写作能力；教学手段应多样化，可准备图片、卡片等教具，尽量避免“干讲”，尤其是低年级学生。

总之，教学过程中，教师要多启发学生思考、输出，尽量避免直接告知。学生是学习的主体，不是被动、填鸭式的接收者。

另外，还有其他小问题，如针对学生的回答教师未作点评。课堂上对学生及时肯定和鼓励，有助于激发学生的学习兴趣和动机，指出学生的不足之处，有利于学生进步。

附录：PPT（设置分步呈现）

哪些是北京的景点？
哪些是伦敦的景点？
中国的
英国的
shǒudū
首都
是
北京
伦敦

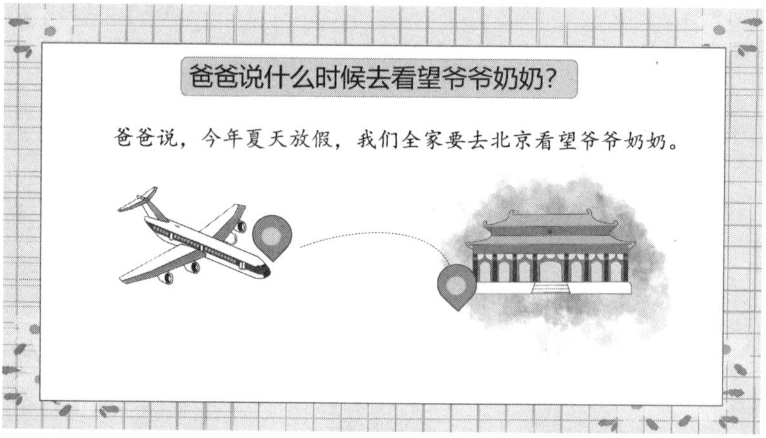
爸爸说什么时候去看望爷爷奶奶？
爸爸说，今年夏天放假，我们全家要去北京看望爷爷奶奶。

那时他们想一起做些什么？
爬长城
游故宫
上天安门

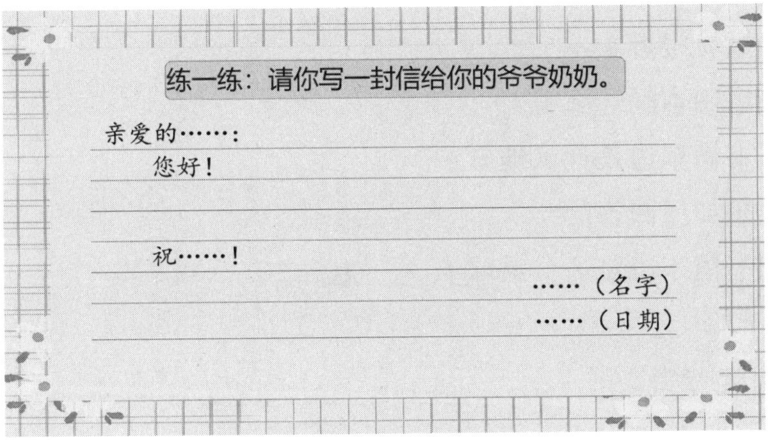

案例25　提问应紧扣重点、难点

一、描述

教师通过提问的方式讲解课文，提问如下：

师：山本问张东什么？

生：学校里边有邮局吗？

师：那张东怎么回答呢？

生：有。

师：山本接着问什么呢？

生：邮局在哪里？

师：张东怎么回答呢？

生：在图书馆西边。

师：山本又问什么呢？

生：离这里远吗？

师：张东怎么回答呢？

生：不远，很近。

师：最后山本问什么呢？

生：图书馆东边是什么地方？

师：张东如何回答的？

生：图书馆东边是一个足球场。

二、相关背景

教材：《汉语教程》第 1 册上（第 23 课）

学生：成人初级班

三、分析与评价

一般来说，与篇章体课文相比，理解对话体课文相对比较简单。所以对学生来说难度不会太大，教师在串讲时，主要通过简单提问，检验学生是否理解句子的意思，也包括个别生词的意思。同时，还需要将重点、难点（对话体课文一般没有难点）梳理出来，一般不需要每个词、句子都讲。

这篇对话体课文的重点是提问和回答的几个关键句，以及涉及的场所、方位等关键词。学生学完课文以后，能利用场所、方位等进行问路并回答。但案例中教师的提问过于机械，且针对性不强，并未紧扣课文的重点，没有真正达到串讲的目的。

教师可以这样提问：山本问张东什么？邮局是干什么的？学校里边有吗？在哪呢？（画图或展示）这是图书馆，西边在哪？离这里远吗？图书馆的东边是什么？教师提问，等学生回答时，将关键句展示出来（用 PPT 展示或在黑板上贴上句卡）：……里边有……/……在哪里/在……西边。/离……远吗？/……东边是……？

接着结合实际情况提问：我们学校里边有邮局吗？它在哪里？离这里远吗？然后根据相关的教学大楼、餐厅等场所以及外边、前面、南、北等方位词进行拓展练习、自由会话。

案例 26　提问灵活、自然、联系紧密

一、描述

师：母亲节的时候你们会做什么？

生 1：送花。

师：还有呢？会不会跟妈妈说——

生 2：跟妈妈说我爱你。

师：其他人呢？一样吗？送花，跟妈妈说我爱你，是吗？

师：放学了，小华和弟弟——（出示图片，教师做快跑的动作进行提示）。

生 3：飞快地跑回家。

师：××，然后——

生4：进了门他们就开始打扫房间。

师：××（教师做出打扫的动作提示）。

生5：小华认真地打扫房间。

师：××（教师做出擦桌子的动作提示）。

生6：小明认真地擦桌子。

二、相关背景

教材：《汉语》第5册（第2课）

学生：小学三年级（非华裔）

三、分析与评价

此片段是写作部分的导入以及进入范文阶段，教师通过提问导入，并配合图片、动作进行提问，进入范文。

教师的提问非常灵活，像比较随意的谈话，又能抓住重点，一步步推进，并在必要时辅以图片、动作等。另外，教师的话语非常简洁，既达到了提问的目的，又留下更多的时间给学生。这种融洽、自然、交际氛围很强的教学环境非常有利于二语学习。

一位善于提问的教师，能带着学生，一步步进入设定的学习内容，联系非常紧密。而学生又会觉得非常轻松、随意，并没有被教师强行提问的感觉。这种看似随意，实为设计好的提问体现了教师很高的教学素养。教师需要紧扣教学内容、重点、难点，思路清晰。同时，熟练运用提问技巧，根据自己学生的实际情况，灵活驾驭。

案例27　巧用提问启发引导

一、描述

师：红绿灯还会“说话”，为什么这里有双引号呢？
生：不知道。
师：红绿灯真的可以说话吗？
生：不可以。
师：红绿灯说话有没有声音？
生：没有。
师：那红绿灯是真的说话还是不可以说话？
生：不可以说话。
师：所以这里用双引号的意思是？
生：不说话。/不是真的说话。
师：对，不是真的说话，所以用双引号。

二、相关背景

教材：《中文》第4册（第1课）
学生：小学二年级（华裔）

三、分析与评价

教师在讲解课文时，抓住学习重点，同时也是一个学习难点，即对双引号在句子中的作用进行提问。学生一开始不知道答案，但教师一步步引导、提问，启发学生思考，最后让学生得出答案，突破学习难点。虽然这样比直接告知所用的时间要长，但学生通过思考，理解了答案的由来，不仅记忆深刻，而且下次遇到了同类问题，自己能分析、能使用，远比直接获得答案的教学效果好，且容易获得成就感。

案例28　提问未达到预期目的

一、描述

师：增加意思是在原有的基础上使之增多。比如：老师有1个苹果，又增加3个苹果，那老师有多少个苹果呢？

生：4个。

师：对，老师就有4个苹果了。我们来看看（教师展示图片），纽约，你们知道吗？

生：知道。

师：纽约在哪个国家呢？

生：美国。

师：对，美国。我们来看看一百年前的纽约，怎么样？你们看当时的人们住得怎么样？我们再看看现在的纽约，怎么样？

生：很漂亮。

师：那我们一起读：纽约增加了很多高楼。

师：好。我们来看下一个。

二、相关背景

教材：《汉语教程》第 2 册上（第 1 课）
学生：大学二年级（非华裔）

三、分析与评价

在讲解词语“增加”的意义和用法时，提问、引导的目的应该是让学生理解“增加”的意义，并能灵活使用。

但就教师的提问而言，针对第一个例子提的问题，只能得到反馈，看学生是否理解了“增加”的意义；针对第二个例子提的问题，分别围绕纽约以及以前和现在住得怎样，而与最终想得到的例句“纽约增加了很多高楼”并没有直接联系。

因此，教师的讲解，两个例子都是帮助学生理解“增加”的意义，针对两个例子的提问，都没有让学生说到“增加”二字，且第二例的例句出现得比较“突然”。教师提问需要一步步引导学生，达到最终的目的，并尽量简洁，可以尝试这样提问：

“加”是什么意思？“加”完以后会怎么样？如果老师一开始有 1 个苹果，后来增加了 3 个苹果，那么老师的苹果怎么样？（让学生用“增加”说句子）

这是纽约，在哪个国家？100 年前的纽约是这样，现在是这样，大家觉得纽约的高楼有什么变化？是多了还是少了？所以纽约怎么样？纽约的高楼怎么样？（让学生用“增加”说句子）

接下来，还可以就“增加”的用法继续举例、引导：

2012 年全球人口数量是 70 亿，2018 年数量是 77 亿。我们可以说人口怎么样？（全球人口增加了 7 亿。）

公司 2021 年的收入是 500 万元，2022 年的收入是 600 万元，用“增加”怎么说？

另外，教师在讲解生词时，一般不能直接照搬词典中的解释，而需要用更简洁的语言或实例等进行解释。

附录：PPT（设置分步呈现）

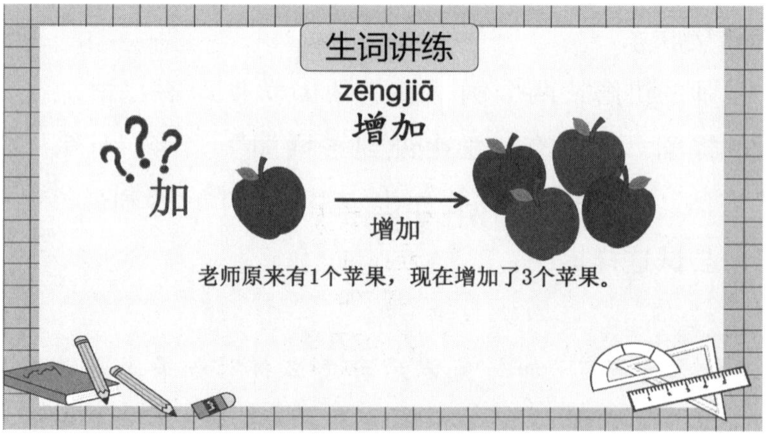

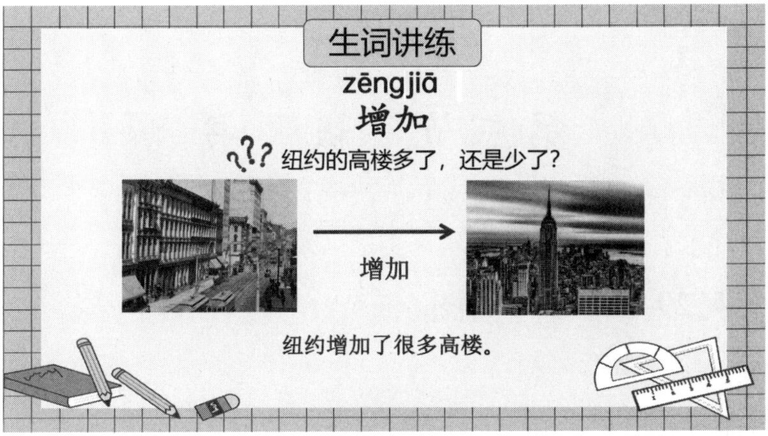
生词讲练
zēngjiā
增加
纽约的高楼多了，还是少了？
增加
纽约增加了很多高楼。

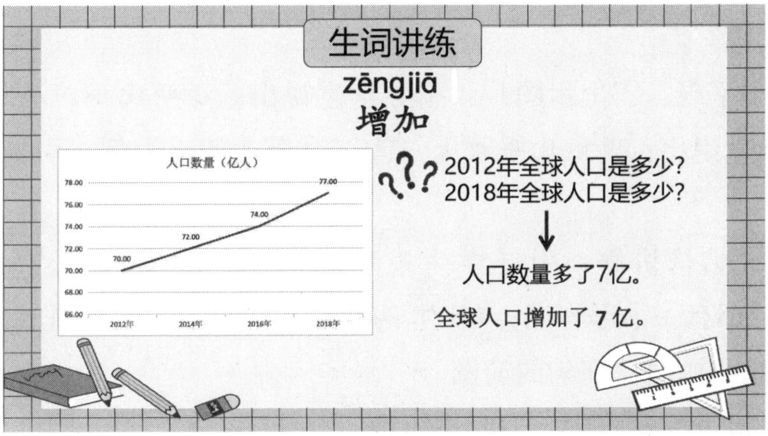
生词讲练
zēngjiā
增加
人口数量（亿人）
2012年全球人口是多少？
2018年全球人口是多少？
人口数量多了7亿。
全球人口增加了 7 亿。

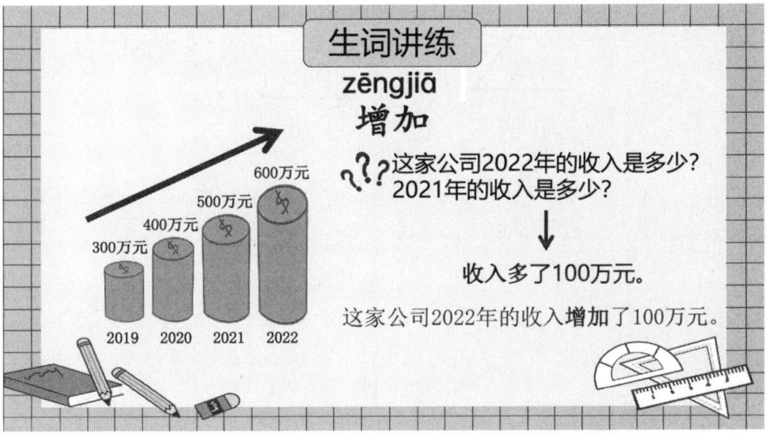
生词讲练
zēngjiā
增加
300万元
400万元
500万元
600万元
2019
2020
2021
2022
这家公司2022年的收入是多少？
2021年的收入是多少？
收入多了100万元。
这家公司2022年的收入增加了100万元。

第三节　板　书

案例29　符号 + 简图

一、描述

1. 例句呈现：①出示图片，引导学生说出：小明比小花高。②出示实物，引导学生说出：电脑比手机大。③以讲台上的水为例，引导学生说出：糖比水甜。

2. 句式结构讲解：引导学生发现三个例句的共同特点：中间都有“比”；最后都有一个形容词；“比”的前后有两个不同的东西或人。

3. 总结：画出比字句的简图。

教师在讲解的过程中，适时进行板书，如下：

小明	比	小花	高
电脑	比	手机	大
糖	比	水	甜

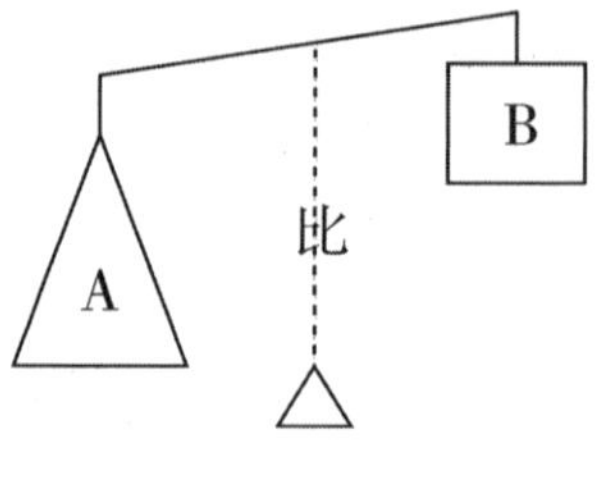

二、相关背景

教材：自编
学生：小学二年级（非华裔）

三、分析与评价

教师在讲解“比字句”时精心设计了板书，非常简洁、醒目，并采用必要的符号突出强调相应内容。使“比字句”的结构特点一目了然。另外，在例句分析总结的基础上，画出了简图，非常直观形象。因此，整个板书的内容都是非常有必要呈现的，没有多余的部分，且重点突出、清晰醒目、直观形象、排版美观。

案例30　师生共画简图

一、描述

教学内容：
“大”“小”“多”“少”四个汉字。
教学目标：
能认读、理解“大”“小”“多”“少”，并初步掌握四个汉字的写法。
教师在讲解的过程中，适时进行板书，如下：

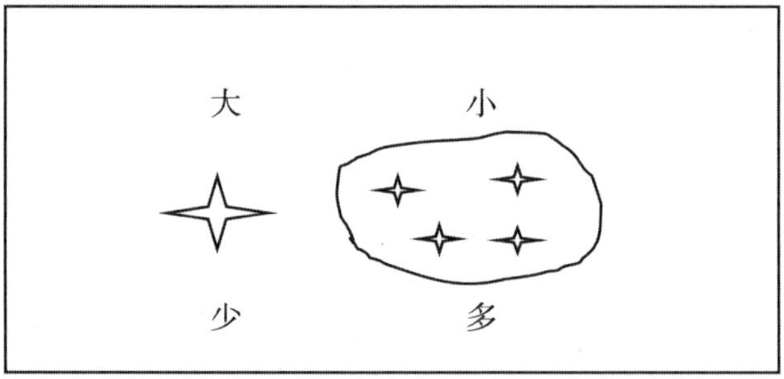

二、相关背景

教材：自编
学生：5 岁（非华裔）

三、分析与评价

此案例中的板书示意图，是依据教师在讲解“大”“小”“多”“少”四个汉字逐渐形成的板书而画成的。原板书是师生用粉笔在黑板上画出自己的手（将手放在黑板上，用粉笔沿手形画出），左边的大手是教师的，右边的小手是学生的，此处用小星星代替了。可以看出，板书既让学生参与了，又突出了教学内容，与教学目标关系密切。同时注意了排版，虽然是在讲解的过程中逐步完成的。但总体上，布局合理、美观、醒目。

案例31　重要内容可不擦

一、描述

1. 讲解“在”，板书“在”，以及相应句子或主要部分。

2. 讲解“喜欢”，板书“喜欢”（擦去“在”，在“在”的位置写上“喜欢”）以及相应句子或主要部分。

教师在讲解的过程中，适时进行板书，如下：

xǐhuan 喜欢	我在<u>家里/学校/公园</u>。 我不在__________。 我喜欢__________。 我不喜欢__________。

二、相关背景

教材：《中文》第2册（第1课）

学生：6～8岁（华裔）

三、分析与评价

从板书来看，注意了排版、布局，并将重要内容都进行了板书，整体上突显了重要内容，并且清晰、醒目。

不足的是，“在”可以不擦去，可以和“喜欢”上下排列。一般而言，重要的内容事先设计好，在下课前是可以不擦去的。这样，课堂小结时，学生可以看到一整节课的重要内容。同时，课堂中间，学生也可以随时关注重要内容。另外，重要内容在黑板上始终呈现，在视觉上对学生也是一种强化性刺激，提高记忆效果。

第四节　教具使用

案例32　巧用自制图片勾画课文情节

一、描述

教师在讲解课文时，先让学生听教师说课文。

师：日月潭以前有个动人的故事，传说有两条毒龙（边说边在黑板上贴出两条龙），它们非常可怕，常常出来害人。有一天它们把太阳和月亮都吞进了肚子里（把太阳和月亮的图片贴在两条龙的肚子上），然后，人们就生活在黑暗中。

有一对青年夫妻，男的叫大尖（把画着一个男人及其名字的图片贴在黑板上），女的叫水社（把画着一个女人及其名字的图片贴在男人图片的旁边）。他们不怕毒龙，立志为民除害。他们听说在阿里山下有两件宝物（把画着山和写着“阿里山”的图片贴在夫妻图片旁边），一件是金斧头，一件是金剪刀（把画着斧头和剪刀及其名字的图片贴在阿里山图片的下面）。于是他们就日夜挖山，费尽千辛万苦，历尽种种困难，终于挖到了金斧头和金剪刀（把斧头和剪刀的图片放在夫妻图片的下方）。于是他们制服了毒龙，取得了胜利，毒龙就把太阳和月亮都吐出来了（把月亮和太阳的图片从龙的肚子上撕下来，并贴在黑板最上方），毒龙被他们赶到了日月潭（把两条龙的图片贴在角落里），然后人们的生活又有了光明。

为了不让毒龙再来害人，他们就一直守在日月潭边，守了很多年。最后他们变成了两座山，叫做大尖山和水社山（把夫妻的图片撕下来，将画着山和名字的图片贴在夫妻图片的位置）。

二、相关背景

教材：《中文》第 6 册（第 7 课）

学生：小学三年级（非华裔）

三、分析与评价

教师首先利用图片说课文，学生听。讲到相应人物及情节时把图片贴在黑板上，边说边贴图片，并根据情节的变化移动图片，使得人物形象、关系及故事发展的过程更清晰立体、具体形象，同时也简化了课文内容。

这种将课文中的主要人物、情节具化到图片或道具上来呈现，是篇章体课文讲解时常用的、效果也比较好的教学方法，一般需要教师自己制作图片或道具。可以在网上下载相关图片或材料，也可以自己或请学生动手。图片可以是纸质的，也可以是电子形式的。另外，根据课文内容的需要，也可设计成可动的图片、模型或是动态的视频。

这类教具设计好之后，一般需要在适当时候呈现，注意与课文内容同步，不要一开始全部呈现，使学生失去新鲜感。另外，教学过程中可多次使用，如讲解中分步呈现，然后在巩固练习或小结的教学环节中，可让学生根据图片或视频等复述课文。

案例33　利用多种教具创设情境

一、描述

教师在“在……上”语法结构的教学中，采用实物、动作演示的方法，并用PPT呈现图片，创设情境。详情如下：

师：今天我们要学习的内容是“在……上”。大家先看老师做了什么？(将纸贴在白板上)

生：在白板上，老师把纸贴在白板上（学生七嘴八舌地说）。

师：老师把纸贴在白板上，就是说老师把纸贴在哪里？

生：白板上面。

师：好，再看！(坐在椅子上)。

生：老师坐在椅子上。

师：很好，就是说老师坐在椅子的上面是吗？好，我们看一些图片(教师展示PPT)，这两个女孩，她们怎么样呢？

生：把书放在头上。

师：我们可以说“她们把书放在头上”。(继续用PPT展示其他图片)

二、相关背景

教材：《中文》初中版①　第 1 册（第 4 课）
学生：初中一年级（华裔）

三、分析与评价

在展示语法环节，教师采用实物进行动作演示，引导学生根据情境说出“在……上”的语法结构。一般在课文教学结束后，在学生理解课文的基础上，教师再将课文中的语法点提取出来集中讲授。因此，根据教师设置的情境，在展示语法的环节中学生会很容易想到此结构。有时，也可先让学生将课文中相应的语法点找出来，这样学生就能首先聚焦在某一语法点，从而便于开展后面的教学。

语法展示后，教师又利用 PPT 继续创设情境，学习“在……上”的意义和用法。

另外，教师在引导学生说句子时，应多次强调“在……上”的意义，待大量的举例结束后，学生就能自己总结出意义了。同时，先用实物、动作演示，容易在一开始就吸引学生的注意力。可见，看似无序的例句呈现，其实是精心安排和设计的，且始终能紧扣重点，注意引导。

这种通过多种教具、手段创设情境，能使抽象的语法结构变得具体可感、直观形象。在交际中进行教学，既能激发学生的学习兴趣，又能大大降低学习内容的难度，还能促进学生的语言运用和交际能力的发展。

---

① 《中文》初中版，由暨南大学出版社于 2010 年出版。

案例34　巧用字卡“摘苹果”

一、描述

1. 练习前，教师先将写有汉字的“苹果”（图片，上面的汉字含正确的和写错的以及别字）贴在白板上。

2. 请学生完成练习：______前明月光，______是地上霜。举头______明月，低头思故______。

3. 每完成一处，请学生将相应的苹果“摘”下来，贴在横线上。

二、相关背景

教材：《中文》第3册（第7课）

学生：小学二年级（非华裔）

三、分析与评价

此案例是巩固练习环节中的一个练习。采用的是很常见的填空，但加入了“摘苹果”的形式，增添了游戏成分，趣味性加强，大大提高了学生的学习兴趣，从而提高了学习效果。

字卡、词卡、句卡、拼音卡、字母卡等是常用的卡片类教具，除填空外，还可用于配对、组合、排序等练习以及讲解或其他教学环节中。对于低龄的学生，在具体操作时，可适当增添一些形式或说法，如摘苹果、摘梨，拍蚊子、拍苍蝇，以及找朋友、找妈妈等。同时，要注意有变化，同一种不要反复用，会使学生失去新鲜感。当然，制作的卡片也需要有相应装饰，这样学生才更容易进入情境。

案例35　利用多媒体，动态、可感

一、描述

复习内容：复习21个辅音声母以及y、w。

连线题：学生先在自己的练习纸上将21个辅音声母和y、w按顺序连线。接着，教师带着学生共同完成讲台屏幕上的连线（触屏、显示），全都连完后，大家按顺序齐读1遍，接着见证“奇迹”：连好的轮廓变成了一只老虎。

教师语言：每连完一个，教师都问“×完了是什么”。学生回答后，教师都说“×完了是×”。

二、相关背景

教材：自编

学生：小学一年级（非华裔）

三、分析与评价

由于多媒体的普及和应用，汉语教学中多媒体的使用越来越广泛、深入，除教师自制的PPT外，还有很多相关的汉字教学软件等，以及练习的网站和程序。利用多媒体教学，对学生呈现出来的效果是立体、多元的，动态、直观、形象，且能激发学生强烈的好奇心，尤其是低龄学生。

随着汉语教学的深入发展，相关的软件与资源等会更多、更丰富，我们的课堂会更多彩。不过，在使用多媒体时，也要注意让学生多关注语言形式，在玩中以学为目的。

另外，在教学环节的安排方面，要注意张弛有度，收放自如，把握好节奏，掌控好课堂。如此案例中，教师每连完一个，都问“×完了是什么”，如果这个句子中没有新学的内容，就不必过多重复，容易让学生产生厌倦感，且占用时间较多。教师可采用更省时的手势、眼神，或者，换一个说法，说“然后”“下一个”等。

第五节　听课评课

案例36　对话式实录+文字评价

一、示例

1．课堂教学实录

授课教师	王慧永①
课文题目	第5课《就买这件吧》课文2《在商店》
教学时间	45分钟
课　　型	综合课

① 王慧永为新加坡汉语教师，暨南大学在新加坡招收的2016级汉语国际教育专业学位硕士研究生。

教　　材	北京语言大学出版社《HSK 标准教程 2》
教学对象	成人汉语初级班（共 14 人）

实录文本

导　入

师：同学们，好。

生：老师好。

师：上节课我们一直学的是买衣服的话题。请大家看看这幅图是在什么场景？（出示 PPT 图片）

生：shopping mall、商店里、商场、商店。（七嘴八舌）

师：嗯，清清回答得正确，是在商店，要用华语回答。要用华语回答（重复了一次）。

师：在商店里卖什么的地方？

生：衣服。

师：对了，是服装店。所以，今天我们学习第 5 课《就买这件吧》的第二部分《在商店》。（切换 PPT）（用时 1.5 分钟）

复　习

师：我们先复习一下上节课学过的内容。

师：我想请学生来读一下这些字，试试还记得吗？

琳达：长、短、深、浅、便宜、贵。

鹏鹏：长、短……（停顿了一下，然后说）下一个我忘记了。

师：提示“深”。

生：深、浅、便宜、贵。

师：好，请坐。

师：我想问问大家，谁能知道什么是“长、短、深、浅、便宜、贵”？长短表示什么？深浅表示什么？就拿衣服来说，长短表示衣服的什么？深浅表示衣服的什么？

便宜和贵，又是说衣服的什么？跟衣服的哪些相关？美霞。
美霞：老师我来哦？（很愿意参与地笑着）我的裙子长，你的裙子短，我的颜色浅，你的颜色深，我不知道是便宜还是贵。（全班都笑）
师：（很开心也很满意地笑），回答得很好，回答得很好。请坐。
师：长短是跟衣服的大小有关，深浅是和衣服的颜色有关，便宜和贵是与衣服的价格有关。
师：那现在我要来测试一下，大家是不是明白。文丽。[出示 PPT，同学们：哇！这么好看！哦！……鼓掌惊叹（说明图片有吸引力）]
师：（对着文丽说）你看到了这幅图，想到和衣服的深浅、便宜、贵和长短，哪个有关系？（班里有一个学生说：漂亮）
文丽：嗯……它的颜色深。（大家开始议论了）
师：两个衣服的颜色有区别吗？（此处不应该用“个”来做衣服的量词）
生：没有、有一点点。[七嘴八舌，还有一个说（我知道啦，很神秘的语气）]
师：还有其他区别吗？
文丽：那个有袖子，那个没有袖子。
（有几个学生恍然大悟地“哦”了一声。其中一个夸文丽真棒。另一个学生接着说：老师我找到一个。）
师：（点名那个说找到的学生）清清。
清清：那边的裙子长，这边的裙子短。
师：嗯，我们看她回答得正确吗？（操作 PPT，显现答案，长短分别指向裙子的长短）
生：对，哦……（表示好奇 PPT 可以生动形象地表达长短）
师：对啦。
生：（鼓掌）还有一个说：清清你好棒哦。
师：这件衣服是短的。她说：那边的衣服长，这边的衣服短，论衣服的量词，谁能拿长短用这件衣服造句？大明。
大明：左边的这个孩子的衣服短（学生开始哈哈大笑）。

师：左边的这个孩子的衣服短，好。这件衣服呢？（用电子笔的红灯指向图）
大明：比那件长。
师：对了，这件衣服比那件长。请坐。
师：我们再看下一个（切换PPT），我再请一个学生回答，你看到这个图片，想到它和衣服的什么有关？娟子。
娟子：啊？我？我看到这两件衣服，一件颜色深，另外一件浅。
师：我们看看她说的对吗？（PPT切换，显示答案）对了。谁能用衣服的“深”和“浅”，看着这个图来造句子。余俊（一个学生这时候打了一个喷嚏）。
余俊：右边的衣服颜色比较深，左边的衣服颜色比较浅。
师：好，请坐。能不能说白色的这件衣服颜色比较浅，黑色的这件衣服颜色比较深，能这样说吗？可以吗？
生：（思索了一会儿，一个学生说）不可以。
师：为什么？
生：因为白色就是浅的，黑色就是深的。
师：白色相比黑色是浅的，黑色是深的。对。来，再看下面的图（切换PPT）。
生：哇！
师：大家看到这幅图，想到了什么？
生：钱（因为图片上有标价）。
师：想到钱？
生：哇！好漂亮哦。
师：这件红色的衣服价格是多少？
生：600，600块……
师：那这件呢？
生：500块。
师：你们想到了它们的什么？
生：价钱。
师：价钱的什么？

生：贵还是便宜。
师：贵还是便宜，说对了。
师：谁能用贵和便宜来造句子？看这幅图。鲁军。
鲁军：（眼睛近视，没有戴眼镜）老师，哪个？
师：这幅图，用便宜和贵造句子。
生：红色的贵……
鲁军：红色的贵，黑色的便宜。
师：红色的什么贵？
鲁军：红色的衣服贵，黑色的衣服便宜（说完就坐下了）。
师：对，如果把句子说完整，这件红色的衣服贵，那件黑色的衣服便宜。
师：有谁还能看着这个图再说句子？
生（其中一个）：老师，应该说衣服？还是说裙子？
师：对了，小宁说的对，你来造句子。
小宁：这条红色的裙子贵，那条黑色的裙子便宜。
师：对了，请坐。那我们刚才在说句子的时候，说：这条裙子、这件衣服、那件衣服，有很多的句子里都听到了“件”这个量词。所以，说衣服的量词是：件。
师：我们开始学今天要学的内容。（用时 5.5 分钟）

朗读课文

师：（PPT 投影课文内容）请大家一起读课文。
A：帮我看一下这件衣服怎么样。
B：颜色还可以，就是有点大。
A：这件小的怎么样？
B：这件不错，就买这件吧。
师：（切换 PPT，出示生词）在今天的课文中，我们要学习的生词是：“件、还、可以、不错”。在学习生词之前，我们再来读一读课文。这边的同学读 A，这边的同学读 B。

生：（读……）

师：好，现在交换角色，刚才读 A 的同学读 B，刚才读 B 的同学读 A。

生：（读……）

师：（指着 PPT）请大家看，今天的生词其实我们在复习的时候，就已经学了一个，是哪一个呢？是“件、还、可以，还是不错？”

生：（观察了一下，回答）件。

师：对了，是“件”。衣服的量词是？

生：件。

师：我们继续来学习其他几个生词。（用时 9 分 57 秒）

学习生词

师：（切换 PPT）大家看看这幅图，想到什么？

生：长短、长、短。

师：那看一看，这个女孩穿的衣服比较好看？还是这个？

生：老师，我喜欢短的女孩穿的衣服。

生：我喜欢长的。

生：应该是睡衣。

生：老师，第一个女孩穿的衣服比较大。

师：对了，那么，小南，你用“比较大”来造句子。

小南：（思索了一下）她穿的衣服有点大。

师：好，很好。还有谁能看着这两幅图来说句子？

文丽：右边的衣服比较合身，左边的衣服太大了。

师：（惊奇，因为“合适”是这节课要学习的生词，文丽却说出“合身”）她很好，我们给她掌声。

生：（鼓掌）

师：说明她很喜欢学汉语，学到了合身这个词。余俊，你来造句。

余俊：我喜欢右边的那个衣服。

生：（笑）
师：我喜欢右边的那件衣服，是的，这个句子是对的。请坐。
师：我们来看，左边的衣服比较长，并且呢？是大的。右边的衣服，是合适的，就像刚才文丽说的“合身”。那，什么叫合适？（切换 PPT，同时说出答案）衣服穿着不大也不小，就叫合适。
师：所以左边的这件衣服比较大，比较长。右边的这件衣服不大也不小，所以，右边的合适。那，左边的这件衣服穿起来看上去合适吗？
生：不合适。
师：不合适，那我们继续看（切换 PPT）。
生：哇！肚皮（图片是一个比较胖的人，衣服太小盖不住肚子）。
师：对了，你们看了这幅图之后会想到什么？
生：小。
师：小，衣服小。
生（其中一个）：不合适。
师：不合适，哇，我们给她掌声。
生：（热烈鼓掌）
师：刚才学的合适，就想到这幅图中这个人穿的衣服是不合适的，我们看看（切换 PPT，出现答案：不合适）。是的，他的衬衣和裤子都是小的。那么，穿起来很小的衣服就是不合适的。刚才穿起来很大的衣服也是不合适的。所以，只有怎样的衣服是合适的呀？
生：不大不小。
师：对啦，不大也不小的衣服才是合适的。
师：我想测试一下，是不是同学们都理解了衣服的长短和合适。我请一位同学。清清。
师：你看着这四幅图，说一下，它应该和“合适、短和长”中的哪一个生词连线？
清清：老师，是鞋还是裤子？
师：看裤子的长度。

清清：第一条裤子很长。

师：她说第一条裤子很长。

清清：第二条裤子很短。

师：很短。

清清：第三条和第四条裤子合适。

师：哇，她好聪明，她说第三条和第四条裤子“合适”。其他同学呢？

生：同意。

师：同意吗？

生：同意。

师：同意。雅萍，你来说说？第一条裤子？

生：第一条裤子长。

师：长。

生：嗯，第二条裤子短。

师：短。

生：第三条裤子合适。

师：第三条裤子合适。

生：嗯，第四条裤子有一点长。

师：第四条裤子有一点长，她的这个说法也是对的。但是第三条裤子和第四条裤子穿起来感觉怎么样？舒服吗？视觉形象上，感觉它还是可以接受的。所以，我们来看答案（PPT 动画出现答案）第一条裤子短，第二条裤子长，第三条和第四条裤子合适。

师：同学们都学得非常好，给自己掌声。

生：（热烈鼓掌）

师：请大家用“长、短、合适”，来描述图一、图二、图三的衣服，就是白色的衬衫。

鲁军：（观察了一下，说）嗯，图一衣服是长的。

师：图一是长的。

鲁军：图二是合适的。

师：图二是合适的。

鲁军：图三是短的。

师：图三是短的。

师：完整的句子，模仿我说，图一的这件衣服是长的。那么怎样用完整的句子描述图二和图三？

鲁军：图二的这件衣服是合适的，图三的这件衣服是短的。

师：回答得非常正确，坐下。

生：（自发鼓掌）

师：（切换PPT）我们继续看，我再叫一位同学，我们看图说话，这个女孩的上衣和她的裤子，小南。

小南：这个女孩的上衣太短，裤子太长。

师：很好，坐下。还有谁？琳达。

琳达：这个女孩的上衣太短，裤子太肥。

生：（有几个学生笑）

师：太肥？请解释一下太肥是什么意思？

琳达：大。

师：大，好，裤子太大。看来她经常和中国朋友打交道，所以她知道太肥是大的意思。（学生又举手）好，琳达。

琳达：可以说裤子太不合适了吗？

师：嗯，可以说裤子太不合适，给她掌声。

生：（掌声，还有说）噢，好棒哦。

师：还有谁能看着这几张图说出句子？

美霞：这个女孩上衣太浅，裤子太深。

师：对，她的角度也是对的。上衣的颜色太浅，裤子的颜色太深。很好，还有谁？还有谁愿意说句子？鹏鹏。

鹏鹏：这个女孩的上衣太小，裤子太大。

师：很好，非常好。（切换 PPT 给出答案）我们来看，这个女孩的上衣的确是太短又太小。裤子呢？又太长也太大。上衣的颜色是浅的，裤子的颜色是深的。

师：大家都回答得非常正确，我们继续看图（PPT 切换）。

生：好美呀。

师：我们刚才学习了关于衣服的长短、大小、颜色的深浅及价格的贵和便宜，以及这件衣服它到底是合适，还是不合适呢？什么样的衣服穿起来是合适的？不大也不小的衣服是合适的，太大和太小的衣服是不合适的。那么在这节课中，“还”“可以”“不错”三个词是新学的词，我们学习了这么久，我们的识字量已经有三百字以上，因为我们是汉语初级班的第二学期了。对于“还”“可以”“不错”这几个生词单个来看，每个生词都认识了。那么什么叫“还可以”“不错”，这是我们今天需要关注的问题。

学习句式

师：教师要讲给大家的是“还可以”和“不错”，在买衣服的时候，表示好、可以接受，比如：“这件衣服还可以。”那说明你想买，还是不想买呢？

生：想买。

师：对了，好，这件衣服挺好，还可以，想买啊。

师：如果说它不好，你就不会说“还可以”这个词。所以，“还可以”和“不错”都是表示“好”。

师：这件衣服不错，也是可以考虑买。所以大家要记住，“还可以”和“不错”是表示衣服好，表示程度的好。

师：我们用“不错”和“还可以”来造句（PPT 出示图片）。

师：文丽，你看了这两个图，用“不错”和“还可以”造句子。老师刚才说了“不错”和“还可以”表示好。

文丽：这件上衣还不错，这条裙子还可以。

师：那说明文丽喜欢这些衣服，都还不错，你喜欢白色的这件，还是黑色的？

文丽：我喜欢白色的。

师：她喜欢白色的。她喜欢深色的还是浅色的？大家说。 生：浅色的。 师：对了，很好很好，坐下。她说“这件上衣还不错，这条裙子还可以”。 师：清清，你来用“不错”和“还可以”造句子。 清清：这件白色的衬衣还可以，这条黑色的裙子也不错（大家笑）。 师：很好，来，坐下。鹏鹏，你来用“不错”和“还可以”造句子。 鹏鹏：这件白色的上衣还不错，这件裙子还可以。（22：50） 师：很好。看来大家明白了什么叫“不错”“还可以”以及在买衣服的时候，怎样用这些词语表达。
巩固练习 师：（切换 PPT）我们再来看这幅图，这件衣服多少钱？我们之前学过的价钱。 生：600 块。 师：600 块，对了。那，我们用“……不错，就是……”和“……还可以，就是……”造句子。我们把这个句子说得更长，先看老师造句子。 师：这条裙子不错，就是价钱太贵了。那说明老师对这条裙子的价钱不能接受，买不起，600 块，哎呀有点太贵了。但是教师喜欢这条裙子，因为我说这条裙子不错，就是价钱太贵了，对吧？ 师：这条裙子还可以，就是颜色太红了。说明我对这条裙子的款式比较喜欢，但是它的颜色我不喜欢，大家明白怎样用“……不错，就是……”“……还可以，就是……”造句子吗？就是“不错”和“还可以”的这部分是你可以接受的，比如你喜欢它的价钱和样式。“就是”表示“转折”，这一转就表示你对某一方面不太满意。所以“不错”的前面是你满意的那部分，“就是”的后面是你不满意的那部分。我请琳达来用这幅图造个句子，用上“……不错，就是……”或者“……还可以，就是……”。 琳达：这条裙子还可以，就是太大了。 师：就是太大了，嗯，这条裙子还可以，就是太大了。请坐，余俊。

余俊：这件衣服还不错，就是太长了。
师：这件衣服还不错，就是太长了。谢谢，请坐。那你们要明白是先用“不错”，再用“就是”表转折，来表达你不满意的那部分。
师：（切换 PPT）我们来练习，假设你是他，你一看衬衫 20 块，便宜吗？价钱可以接受是吧？裤子 10 块，新加坡六月份有折扣呢，这两件衣服挺好看的，就赶快穿上身试一试，一穿，就穿出了这种效果。你会说什么呢？来，看着这幅图说句子。美霞。
美霞：这件衬衫颜色还可以，价钱还可以，就是太小了。
师：很好，谢谢。小宁。
小宁：这件衬衫价格还不错，就是太小了。
师：很好，谢谢，来，文丽。
文丽：这条裤子价钱还不错，就是太紧了。
师：太紧了，在你看来是大还是小？
文丽：新加坡人是说很紧。
师：哦，新加坡人说很紧，看来你经常和新加坡的华人打交道，或者说？
文丽：就是太小了。
师：对的，太紧了就是太小了，所以呢？我们从别的学生的回答里还可以听到很多不同的关于买衣服的词汇。
师：很好，紧呢，就是小。肥，刚才有学生说肥，就是衣服大。
师：（继续提问）小静。
小静：上衣、裤子都还不错，就是我太肥了。
师：就是我太肥了，对，她找自己的原因。你太肥了是表示你太大了？还是表示你？
小静：太胖了。
师：太胖了，对了。看，“肥”，刚才琳达用在衣服上，就是表示衣服太大了。现在小静用在自己身上，就是表示“太胖了”。我们要明白它的概念，所以你才能把汉语学好，才可以在生活中和大家交流。我们看看这些句子（PPT 切换，出现句子）：

这件衬衫不错，就是太小了。
这件衣服的价格还可以，就是太小了。
这条裤子不错，就是太小了。
这条裤子的价格还可以，就是太小了。
这件衣服不错，就是有点小。

他说有点小的时候，可能是不愿意承认自己太什么？
生：太胖。
师：对了，不愿意承认自己太胖。还有像美霞刚才说的，这件衣服的价格和颜色都不错，只是太小了。
师：所以对它的有些部分是喜欢的，就用“不错”“还可以”，啊，来，我们设置一个情境。

交际练习一

师：（拿出道具，布置服装店场景）
生：哇，老师有带很多的衣服。
师：来，我现在假设你们要去商店买衣服，我请几位学生上来买衣服。
师：买这件衣服，你过来看，你来选衣服，你看着这件衣服，说句子。
生：（一个学生说）老师，我可以买回家哦？（其他学生笑，教师也笑）
师：来，我请琳达上台，现在我是售货员，你是顾客啊。
琳达：老板你好，请问这条裙子多少钱？
师：拿价格标签展示给对方。
琳达：这条裙子我可以穿吗？
师：哦，你可以穿，来，（假装比画）你喜欢吗？它的款式和颜色？
琳达：这条裙子我很喜欢，可是太长了。
师：太长了，看她用上刚才上课说的生词了，对吧？太长了，那卖的人就知道，她嫌太长，我就给她换。

师：（学生返回座位了，叫住她）琳达，请过来。
师：哦，你说太长了，那这条呢？（拿了一条短的）
琳达：这条裙子的长度我可以接受，但是款式我不喜欢。
师：款式，就是它的样子你不喜欢？
生：对，它的价格我可以接受，可是款式我不喜欢。
师：（笑）哦，她很舍得哦（标签标价很高）。
师：很好，来，请回，我再请一位学生来（环视大家，然后呼唤清清）。
师：喜欢这件衣服吗？我看你的气质，穿这件应该不错，休闲款的。
清清：太短了。
师：哦，觉得短呢，我给你换长的？
清清：这条裙子还不错，只是太贵了。
师：哦，太贵了。太贵了在这里表示什么？对什么不满意？（问全体学生）
生：价钱。
师：很好，请回。
清清：谢谢。
师：（选了一个个子高的学生），这条裙子美娜穿上就应该是合适的了，美娜过来试试？
生：（过来配合老师）
师：她买这条裙子就不会再说是太长了，对吧？所以你们在服装店里买衣服的时候，就知道怎样用“太长”“太短”和“太贵”来造句子了，很好。

交际练习二

师：下面我们再来进行一个活动，我们请两个学生表演买衣服，其他学生记录他们的对话。文丽、美娜，你们来表演，时间是 2 分钟，不够 2 分钟不可以回到座位（其他学生笑）。
师：不要笑，你们来记录，老师也来记录，最好用笔写下来，不会写的字可以用拼音。好，开始。

文丽、美娜：（开始表演）
文丽：我扮演顾客，你做售货员。
美娜：好，你来买。
文丽：你好。
美娜：你好。
文丽：我……
（同时美娜说：你想买衣服？）
文丽：嗯，我看看。
美娜：这件挺好看，才60块。
文丽：我不管价钱，喜欢就好。你说的这件太短了，但是很好看。
美娜：这件呢？
文丽：这件太长了，不过很好看。
美娜：这件呢？
文丽：这条裙子很好看，就是颜色有点不喜欢。
师：好，时间到。谢谢你们，请回到座位。
师：同学们，说说你们刚才听到了什么句子？
生：（七嘴八舌）
师：清清。
清清：这件太长了，不过很好看。
鲁军：我不管价钱，喜欢就好。
琳达：这件挺好看，才60块。
师：有没有听到有“就是……有点……”的句子？
余俊：老师我听到了，这条裙子很好看，就是颜色有点不喜欢。
师：还听到了什么？
生：互相问好。
师：还有呢？
生：商量谁来扮演买衣服的顾客（七嘴八舌）。
师：很好，同学们都非常认真。

布置作业

1. 用“……还可以，就是……”“……不错，就是……”造句，至少造10个句子。
2. 假定在服装店，用课堂学习的句子试着买衣服，进行对话练习。
3. 以上两个作业都要录音并呈交。

总　结

师：今天我们详细对买衣服时会用到的词语如“长、短、深、浅、大、小、便宜、贵、合适、不合适、件、还、可以、不错”等以及一些会用到的句子和会遇到的情景进行了学习。每位同学都表现得非常好，感谢你们学习汉语的热情和认真的学习态度。在之后的学习中，我们还会学到如何选择尺码等，希望你们继续保持这种积极热情的学习态度。

2. 课堂教学分析报告

<table>
<tr><td colspan="2">报告人</td><td>王慧永</td></tr>
<tr><td colspan="2">报告类型</td><td>自评</td></tr>
<tr><td rowspan="3">主要内容</td><td>导入</td><td>用服装店的图片导入新课，开门见山，符合成人心理需求。</td></tr>
<tr><td>复习</td><td>1. 用于复习字词“长、短、深、浅、便宜、贵”的图片形象贴切，能够吸引学生注意力，便于学生理解和记忆，回顾学过的内容，以及检测学生学习情况。
2. 复习字词结合造句，有助于学生学以致用。
3. 导入和复习部分应该有板书，便于初级学生观察学习书写。</td></tr>
<tr><td>朗读课文</td><td>1. 反复朗读三次课文，便于学生熟悉课文内容。
2. 朗读过后引出生词学习，过渡自然。</td></tr>
</table>

主要内容	学习生词	1. 学习生词“件、还、可以、不错”所选择的图片具有吸引力，便于辅助学生理解学习。 2. 只是提问了个别学生，语言训练环节薄弱，应当增设分组对话训练。
	学习补充词语	1. 学习新词“合适”时所选择的图片生动形象，便于学生理解到位。 2. “合适”一词未在课文内容中出现，但针对“买衣服”的话题，讲解“合适”一词很有必要。 3. 一个词学习 10 分钟，尽管是结合情境进行造句和正误辨析，但时间过长。
	学习句式	1. 基于以上的学习，配以合适的图片学习“……还可以，就是……”“……不错，就是……”，效果很好。 2. 提问回答环节具有普遍性，学生学习气氛热烈，很好。
	交际练习	1. 设置“买衣服”场景，便于学生理解掌握和运用所学的内容。 2. 分组活动，一个小组表演“买衣服”，另一个小组记录表演过程中所使用的语言，便于学生集体参与和吸引学生注意力集中，避免出现无所事事现象。同时也可以检测学生使用和理解所学内容的程度，是很好的听说活动。
	布置作业	以服装店为背景进行对话练习，使用课堂所学内容造句并录音。这种方法对检测学生学习情况具有实效，也便于学生自己检测学习效果，促进学习。
	总结	整个课堂都对学生充满鼓励和赞许，学习气氛愉快，总结环节再一次肯定学生的学习热情，激励大家继续努力，很好。

<table>
<tr><td rowspan="16">评价分析</td><td rowspan="5">关于教师</td><td>教学仪态</td><td>着装端庄大方，教态自然；讲课条理分明。</td></tr>
<tr><td>教学内容</td><td>层层递进，安排有序、合理。</td></tr>
<tr><td>教学语言</td><td>语言标准规范、朴素简练、语速声调得当。</td></tr>
<tr><td>教学方法</td><td>图片提示法、讲解法、情境练习法、演示法。</td></tr>
<tr><td>教学用具</td><td>电脑、投影仪、PPT、实物（衣服等）。</td></tr>
<tr><td rowspan="4">关于学生</td><td>认真听课、认真做记录</td><td>基本可以做到。</td></tr>
<tr><td>积极回答教师的提问</td><td>做得较好。</td></tr>
<tr><td>学生之间的配合</td><td>认真参与小组活动，互相帮助，发言积极。</td></tr>
<tr><td>听教师讲完后的表现</td><td>基本掌握教师所讲的内容，很熟练。</td></tr>
<tr><td rowspan="3">师生互动</td><td>课堂气氛</td><td>活跃、不沉闷，但学生回答问题不够主动。</td></tr>
<tr><td>课堂的纪律管理</td><td>能够让学生有条不紊地进行学习、秩序井然。</td></tr>
<tr><td>教学兼顾全局，考虑个体差异，积极调动水平较低的学生参与</td><td>较好。例如：教师对课堂中一直低头做笔记的学生，总是给予提问，保证其融入教学环节，避免“哑巴汉语”现象。基本做到兼顾全局，而不仅仅是提问主动发言的学生。</td></tr>
<tr><td>成功之处</td><td colspan="2">1. 教学行为方面
①备课充分，所选用的图片生动形象，具有吸引力，便于学生学习。
②教学内容安排合理，能激发学生学习热情，愉快教学。
③教学目标明确，敢于大胆改革，结合实际，不限于课文内容教学。
④教学过程清晰，环环紧扣，层层推进，利于学生学习。
⑤教学方法有趣，PPT 制作生动形象，便于学生理解掌握学习内容。
⑥教学技巧潜移默化，生活化的情景设置，让学生在语言运用的过程中形成语言能力。
⑦教学设计内容充实，结构饱满，理论联系实际，重点突出，难点分解。</td></tr>
</table>

<table>
<tr><td rowspan="2">评价分析</td><td>成功之处</td><td>2. 教学成效方面
课堂气氛活跃，掌声不断，形成一个想说、敢说、喜欢说的语言环境，学生学习积极，参与度高，师生配合融洽。
3. 教师素质方面
PPT 制作精妙，操作熟练，教态自然大方，表达清晰，应变能力强。</td></tr>
<tr><td>不足与反思</td><td>1. 教学行为方面
①整个授课过程没有出现板书，应设计适当的板书，便于初级学生观察学习书写。
②学习形式略显单一，小组互动少，应设计更多的自主学习环节。
③提问形式单一，例如：把一些环节的点名提问变成小组讨论，再呈现结果，效果更好。
④学习“合适”一词环节太长，应当果断去掉一些 PPT 的展示和练习，进入下一个环节，便于有更多的时间设计小组互动活动。
2. 教师素质方面
继续保持自己的优点，多多学习他人的长处，不断充实和提升自己。</td></tr>
</table>

备注：课堂文本实录部分，因为没有本人签署同意书，所以学生均使用化名。

二、分析与评价

教师先将自己的教学过程录像，并实录转写为文本。同时，将其中的细节用文字进行了标注，如时间、学生反应等，再进行自我说明和评价。总体上看，内容完整、翔实，评价比较客观、科学。既分析了成功之处，又谈到了不足与反思。主要关注到教学行为、教学成效和教师素质三个方面，也谈到了教师、学生和互动方面。这种对话式实录，能观测到师生语言的互动、表现以及通常容易忽略的一些课堂细节，特别有利于教学语言、互动、场景方面的自我反思与分析。

值得改进的地方：

（1）分析与评价部分，前面关于教师、学生、师生互动三方面的分析评价与教学行为、教学成效和教师素质三个方面有一定的重合之处，通常选择其中的一种分类体系进行分析评价即可。如选择教师、学生、师生互动三方面，则可依次分析三方面的成功与不足；或者只从教学行为、教学成效和教师素质三个方面依次分析成功与不足。

（2）个别教学过程中的优点与不足之处，教师本身未意识到。优点，如教师根据对话体课文的特点，将生词、句式结合到课文中进行教学，再进行交际练习，使学生将对生词、句式的掌握置入课文的语境中，置入教师设置的情境中，与课文融为一个完整的体系。既突出生词、句式的学习，又简化了生词、句式、课文的学习，并有利于学生整体把握。不足之处，如“视觉形象”“概念”等词可能对于学生来说，是比较难的，根据“可懂输入”原则，一般避免使用，可换成“看上去”“词的意思”等；个别地方语言可再简洁一些，如“大家明白了什么叫‘不错’‘还可以’以及在买衣服的时候，你怎样用这句话”，可以改成：大家明白了“不错”“还可以”的意思，知道了买衣服时怎么说。

案例37　提纲式实录＋文字评价

一、示例

（一）课堂教学实录

课　　型：综合课

课程名称：中级汉语1（Lower Intermediate Chinese 1）

教学内容：《步步高中文3》（华语教学出版社）第21课《我马上就下去》

教具准备：电脑、投影仪、PPT 课件、讲义

授课教师：关迎旭①

教学实录：

（1）师生互致问候，检查出席情况。

（2）使用网上生词卡 Quizlet. com 复习以前学过的与本课有关的几个生词。学生读生词，教师随机问几个关于这些词的问题。学生再读一遍：电梯、出差、麻烦、留言、抱歉、参加、帮助、楼。

（3）直接导入，学课文：今天学习第 21 课。

（4）学生读生词，每人读一个，之后教师解释并给出简单例句、搭配。

声音、住、爬、带、成、让、搬、结婚、有空儿、帮忙、楼梯、行李、白天、酒吧、门口、一会儿、租期、房东、德比、婚礼、位、趟、喂、哎

例句、搭配：带我的朋友去北京。/我们成了好朋友。/搬桌子/我有很多行李。/一个房东/一场婚礼

指出一处标音错误：楼梯。

（5）布置一项作业：让学生制作网上生词卡。学生讨论了一下，决定使用 Quizlet. com 做一套集体使用的生词卡。

（6）让学生自己或两人一组先看一下对话（一），看看能理解多少。

（7）让一个学生讲一下自己对对话（一）的大致理解。

（8）学生读 PPT 上的生词。

集体认读生词，不认识的汉字看拼音。教师随时解释字义。“太麻烦了！”“四川火锅麻辣”“让我看看。”“我去了一趟图书馆。”“你去了几趟？”

（9）继续读 PPT，解释趋向补语。学生念例句：我们进去吧！/他在楼上，我们上去吗？/他不想下来，我们上去吧。/我们不出去。你上楼来。/

① 关迎旭为英国汉语教师，暨南大学在英国招收的 2016 级汉语国际教育专业学位硕士研究生。

老李带书来了。/他明天到中国去。/我爬上来了。/他们走出去了。/他们走进来了。/他没有搬出去。教师时不时问："理解例句了吗?"

（10）学生认读汉字"让、请"，教师提出"兼语句"这个语法点：ask somebody to do something。指出"让"这个字本身并没有 ask 的意思，只是在这个句式中被译成 ask。学生读例句：医生让他减肥。/医生让他多运动。/医生让他不要吸烟。

还可以用"请"，更加礼貌。学生读例句，他请教师教他写汉字。/他请医生看病。/她请奶奶说普通话。问学生：你们在跟我学什么语言？从而引导学生读出"普通话"三个字。[板书拼音病（bìng）、兵（bīng）]

（11）讲解兼语句中"请"的另一个意思：邀请某人做某事。学生读例句：他请她喝酒。/他请她去中国饭店吃饭。

（12）讲解用"让"的兼语句的否定形式：用"不"意为不允许，not allow somebody to do，用"没有"表示对过去事情的否定。学生读例句：医生不让他喝酒。/我没（有）让他去。

（13）学生打开书，边听边看文字，听两遍对话（一）的录音。

（14）将学生两两分组，布置学生两人一组念对话（一），并回答讲义上的六个问题。鼓励学生以教材上的无拼音文字为主，如果实在有困难，可以参考带有拼音的讲义。强调用中文问答。教师留意学生说的话，给予及时的帮助。教师向学生说明，先以口头回答为主，看个人情况而定，如果学生有时间，就在讲义上写出中文答案。

（15）教师讲解课文，教师读一句讲一句。接电话时的用语："某人在吗？我就是，你是哪位?""趟"是动作量词，如"下来一趟"。"在＋地点名词＋上、下、里、外等方位词"，如"在咖啡馆里"。

（16）让学生一人念一句，并翻译句子。

（17）两人一组再读一遍对话（一）。教师随时回答学生疑问。

（18）讲解作业“复述/改写课文”的要求，教师示范复述对话（一）。

（19）学生不看书，听一遍对话（二）的录音。集中注意力，考察听力理解程度。

（20）学生打开书，边听边看文字，再听一遍。

（21）学生两人一组分角色练习读对话，互相帮助理解课文。如果学生认读汉字有困难，可以参考带拼音的文本。教师在教室中走动，纠正发音。

（22）检查学生读课文，一人一句，纠正发音并回答学生疑问，讲解句子，让学生翻译，教师讲解重要的词语。

“怎么”意思相当于“为什么”，但有“惊讶”的意思。

“不是……吗?”这个结构用于确认和强调，带有吃惊和不满的感情色彩。你朋友不是下个星期六结婚吗?

“以为”这个词用于表明说话人之前有一个猜测，但后来被证明是一个错误的猜测。教师举例：我以为今天是十八号呢。/我还以为今天下雨呢。让学生造句。

（23）学生两人一组，按照讲义上的问题用中文相互提问，并回答对话（二）的问题。

（24）让学生将答案写在讲义上的每个问题后面，教师检查。指定另外六个学生将答案写在白板上。订正汉字书写和标点符号。

“为什么”对应“因为”。

“婚礼”是名词 wedding，“结婚”是动词 get married。

“不用”意为 no need，“会”意为 will。他会帮他的弟弟。

提醒学生注意地点状语的位置。

（25）教师布置作业并让学生反馈。

①熟读对话（一）、（二）；

②将两段对话改写成小故事，用第三人称复述对话；

③熟记生词，下节课听写。

板书：

关于两个对话的问题的答案，由学生书写，教师订正。

（二）课堂教学分析报告（关迎旭）

1．成功之处。

（1）教学行为方面。

①备课充分，熟悉教学内容。

②教学内容安排合理。

③教学目标明确、具体，适合学生的水平。教学过程的安排围绕教学目标展开。

④教学重点突出。

⑤教师准备了 PPT 和带有拼音的课文。应用 PPT 辅助教学，PPT 制作得较为形象、直观，有助于学生理解趋向动词和兼语句的意思与用法。带有拼音的课文，有助于认读汉字有困难的学生阅读，在阅读理解课文时不需要浪费时间，保证学生能跟上大家的进度。

⑥教学步骤清晰、紧凑。通过复习以前学过的词语导入本课。教学方法多样，对两段对话的处理过程略有不同：

<table>
<tr><th>教学环节</th><th>对话（一）</th><th>对话（二）</th></tr>
<tr><td rowspan="2">听对话</td><td rowspan="2">直接听了两遍，学生有的看书，有的只是听。</td><td>不看书听第一遍录音，训练听的能力，使学生集中注意力，考察听力理解程度。</td></tr>
<tr><td>学生打开书，边听边看文字。</td></tr>
</table>

读对话	将学生两两分组，布置学生两人一组念对话，并回答讲义上的六个问题，强调用中文问答。给予及时的帮助。先以口头回答为主，如果学生有时间就在讲义上写出中文答案。	学生两人一组分角色练习朗读对话，互相帮助理解课文。教师在教室里走动，纠正发音。
讲对话	教师讲解课文，教师读一句讲一句。讲解完一半后让学生一人读一句，之后翻译，教师讲解。	检查学生读课文，一人一句，纠正发音并回答学生疑问，讲解句子，让学生翻译，教师讲解重要的词语。
练习	两人一组再读一遍对话（一）。教师随时回答学生疑问。	学生两人一组，按照讲义上的问题用中文相互提问，并回答有关对话的问题。 让学生将答案写在讲义上的每个问题后，教师检查。指定另外六个学生将答案写在白板上。订正汉字书写和标点符号。

（2）教学成效方面。

课堂气氛好，照顾到每位学生，学生参与度高。

（3）教师素质方面。

普通话较标准，英文解释比较清楚；始终微笑面对学生；教学媒体应用得当、操作熟练。

2. 不足之处。

（1）教学行为方面。

①导入环节，复习以前学过的与本课有关的几个生词，为学习新课做

好铺垫。这是导入的一部分，之后直接引入课文：“今天学习第 21 课”，过渡得有些不自然。应按教案中设计好的——依照具体情况向学生提问。如：“……进来了吗。她进来了。他出去了。你带书来了吗？我带书来了。”并用动作展示“来”和“去”，带领学生回答并请全班学生集体重复。让学生明白“来”表示向说话人移动，“去”表示离开说话人向另一方向移动。这一点明显当时教学思路不够清晰。

②学习 PPT 上的生字时，教师领读较少，应加强，领读后再让学生齐读、个别读。

③学生上讲台书写中文句子，除了引导学生评价、判断正误以外，还应评价个别学生写得是否工整、美观。

④处理对话（一）的时候，因为时间紧，没有让学生读前半部分课文。而是教师自己读了前半部分对话并讲解句子，应控制好时间的安排。

⑤注意讲解语法点时，要通过大量例句来使学生理解其用法，最好让学生造句。要使用有效提问方式，只问“理解例句了吗?”并不能检查出学生真实的学习结果。

（2）教学成效方面。

学生在这节课的学习过程中，能够理解课文内容。但似乎时间不够充裕，有些学生只能口头完成讲义上的部分阅读理解题。

（3）教师素质方面。

①指令应更清楚、果断一些，这样就可免去不必要的重复。

②尽量减少口头语“啊”的使用。

二、分析与评价

案例中的教师录下自己的课堂教学过程，记录主要步骤和内容，然后进行自我分析与评价。

课堂实录基本记清楚了教学的主要过程和内容，比较清晰、具体，但未将教学环节概括出来，只是条目式地呈现，使整个教学过程比较零散。如果以导入—复习—讲解—练习—作业等环节，将教学过程中一项项纲目清晰地记录下来，类似于教案中教学过程的写法，会显得更有层次。

分析与评价中，按照成功与不足两个方面对教学行为、教学成效、教师素质三个模块进行分析和审视，逻辑清晰、客观真实。但对自己教学设计中的核心部分，如教学思路、方法设计等方面未进行宏观的分析评价。

这种自我听课与评价的形式，有利于自我反思、自我分析、自我提高。可以全面完整地记录与评价，也可以就自己关心的某个方面进行观测和分析。

案例38　现场记录 + 文字评价

一、示例

学生情况：国际学校小学六年级，从三年级开始接受二语教育，可选择俄语、英语、汉语、日语、韩语、德语六种语言，学习汉语的人数约占全校总人数40%。

学生人数：31 人

使用教材：《快乐汉语》第 3 册

授课时间：40 分钟

授课教师：×××

听课人：祁文祯[①]

① 祁文祯为蒙古国汉语教师，暨南大学在蒙古招收的2017级汉语国际教育专业学位硕士研究生。

（一）教学记录

1. 问好、问日期、新课介绍、学生在笔记本上用中文写日期和新课题目（3 分钟）。

第 18 课 我们都跑上山去

（在蒙古国上课都统一要将每天的日期和课题写在笔记本上。）

2. 生词教学（带翻译）（6 分 30 秒）。

（1）教师把生词展示出来，把生词卡贴在黑板上。

（2）学生抄写在笔记本上，并在后面标上蒙语翻译。

爬山　太阳　口渴　庙　天空　星星　云　打雷　下雨

（3）最快写完的 5 个人给星星。

（4）跟读（教师读一遍学生读 3 遍）。

3. 课文教学（17 分钟）。

（1）教师领读课文（课文不用写，跟教师读，教师一句学生一句）。

（2）翻译课文（一句一句翻译，教师会专门点上课注意力不集中的学生回答问题，让其翻译课文句子）。

（3）在教师进行课文及词汇的讲解以后，让学生自己理解并翻译课文。

（4）自己再读一遍课文。

4. 判断对错（10 分钟）。

（1）各自做课本上的练习题，做完之后与旁边的学生交换课本（教师说，学生改）。

（2）教师与学生一起互动讲解判断题对错。

5. 布置作业。

课文读 20 遍；每个生词各写一行；抄写课文两遍。

（二）分析评价

蒙古国的小学生都相对比较调皮。这位教师抓住了这个年龄段学生的特点，整个课堂氛围比较活跃，学生参与度也相对较高。教师在课堂中加入了奖励机制，写得最快的5个人有星星奖励，问题回答正确、参与课堂活动积极的学生都会获得一个“+”，而课堂上纪律不好、不认真听讲的则会获得一个“-”。这一点提高了许多学生的学习积极性。

该教师为蒙古国本土教师，教学经验为两年，可以说经验还不算太丰富。但整节课听下来并不枯燥，授课基本是一句中文一句蒙语。这种上课方式很受学生喜爱。本土教师授课的优点是：学生可以很快理解，很快接受，但可以听出还是有很多不足之处的。

主要优点与不足如下：

（1）优点：

①课堂活跃，不死板。

②有奖励机制，提高学生积极性。

③课文翻译时几乎每个词都进行翻译讲解，教师还会时刻进行引申教学，由一个词引出另一个词，比如：课文中出现“中午”一词，教师会问学生上午、下午又是什么意思。

快要下雨了——快要下课了（“快”指未来即将要发生的事情）

打雷了，快要下雨了（用蒙语解释了语法点）

（2）缺点：

①中文不够流畅。

②发音声调不够标准（如：打雷的“打”是第三声而教师说成第二声，蒙古人在学习汉语时普遍会把第三声说成第二声）。

③受母语影响会出现语病（如：最快写完的5个人给星星。正确应该是：写得最快的5个人给星星奖励）等。

二、分析与评价

此案例是听课人进入其他教师的课堂听课，现场进行简要记录，并做出分析评价。主要记录了基本情况以及教师上课的主要内容与步骤，分析评价主要涉及教师突出的优点与不足。这种简要的听课记录和分析评价，主要用于同行听课或管理者听课后进行简要评价。

另外，在听课现场写的分析评价通常是纲要式的。因为以听为主，不一定有足够的时间形成于文字。

案例39　量化评价

一、示例

课堂教学评价表①

授课教师：	×××
课　　程：	中级汉语（Ⅰ）
教　　材：	《发展汉语》中级综合（Ⅰ）（北京语言大学出版社）
课　　型：	综合课
学　　生：	大学二年级
日　　期：	×××年××月××日
课　　室：	××
听 课 人：	杨琳琳②

① 此评价表为暨南大学教师李小凤与暨南大学2014级汉语国际教育专业学位硕士研究生共同讨论制定。

② 杨琳琳为阿根廷汉语教师，暨南大学在阿根廷招收的2018级汉语国际教育专业学位硕士研究生。

评估项目		评估细节	具体表现				注
			优	良	中	差	
教学行为方面（共15项）							
1	备课	□备课充分	√				
2	教学内容	□内容适量得当 □先后次序得当		√			依据课文内容、情节的发展讲解，使学生基本把握课文的脉络。可以适当拓展学生思维，丰富想象力。建议后面全文听力可以放在下节复习环节。
3	教学目标	□符合学生的水平和特点 本次教学目标为：（1）让学生学会用书面语言表达较长的句子；（2）使学生能掌握“之所以……是因为……”和“至于”句型，并能运用；（3）要求学生熟悉本课已学词语，可以贯穿全文复述课文内容，理解全文大意。	√				学生的汉语水平基本比较均衡，学习积极性比较高。本课课文内容难易程度也与学生的汉语能力比较相符。
4	教具	□丰富多样 □能充分辅助教学		√			主要以PPT课件作为教具。

5	教学时间	□时间掌控得当 □时间分配合理		√			时间上分配相对合理。如果教师在课文讲解结束后的剩余时间把全文听力换作设计小游戏，如利用给出的关键词让学生分组对重点段落做一回顾性复述，可以活跃课堂气氛，也可在巩固复习生词的基础上加强对课文的理解。
6	板书设计	□内容简明，重点突出 □主次分明，布局合理	√				教师把学生所提到的本文重点词以及相关联的词语均书写出来，有效扩充学生的词汇量。
7	教学方法	□因材施教　□循序渐进 □生动形象　□活泼有趣 □互动良好　□有启发性 □灵活多样		√			课堂气氛活跃，教师用语生动形象，课堂上启发性教学尤显突出。

8	教学技巧		□能够充分掌控课堂 □熟练掌握提问、讲授等基本技巧		√			熟练提问技巧，相对提问环节板书稍多，建议可以适当调整变换课文的问题。
9	教学过程	组织教学	○迅速平稳学生情绪与集中注意力 ○有效进入教学环节	√				教师得体自然的语言交流和微笑使学生很快有效进入学习状态。
10		复习检查	复习检查 ○口头　○笔头　○复述 ○转述　○演讲　○会话 ○其他______		√			新课讲解前对本文前次内容复习简单，直入新课。
11		导入新课	○直接导入　○间接导入 ○学习内容导入介绍 ○充分激发学生学习兴趣和学习动机 ○创建适宜的教学情境 导入方式：（旧知识导入/生动实例导入/问题导入 /直观教具导入/故事导入/创设情境导入/视频导入 /歌曲导入/绘画导入/其他______）		√			直接导入进入新课环节，主要以问题和 PPT 图片导入。

12	教学过程	讲授新课	○突出重点 ○突破难点 ○精讲活练 ○从易到难，循序渐进	√				对课文内容讲解分析重点突出，在讲解的同时能够复习已学过的内容，使前后关联，并实时对知识点进行实操训练。
13		巩固练习	○机械式练习 ○活用性练习 ○练习方法多样 ○适合学生水平特点 练习方式：主要以造句为主。		√			总体来说，练习方法和难易程度均符合学生的汉语能力。考虑如果能在重点语法点的练习时间上安排再充裕些，教学效果可能会更好。建议进行语法点讲解时，教师可以把例句逐一呈现。然后循序渐进或递进分层级给出练习题，而不急于让学生造完整的句子。

14	教学过程	总结新课	○总结归纳 ○共同讨论 ○拓展思考 ○解答问题 ○其他	√				文章的重点、难点总结归纳条理清晰，教师与学生互动好，积极讨论，如能基于原文拓宽思维则更完美。
15		布置作业	○安排合理难易适度 ○符合课程重点与难点要求 ○有家长监督机制	√				教师根据学生的汉语书面词汇的掌握水平和表达能力布置难易适中的阅读文章等。
教学行为综合得分（共 70 分），评价得分：67 分								
教学成效方面（共 2 项）								
1	学生的学习结果		□达到教学目标 □掌握了重点 □能完成作业	√				学生掌握了所学的重点、难点，能理解全文大意，并基本流利复述课文。
2	学习状况		□专心认真　□互动良好 □积极参与　□轻松愉悦	√				课堂上学生与教师互动良好，气氛活跃、轻松。
教学成效综合得分（共 15 分），评价得分：14 分								

教师素质方面（共 3 项）							
1	普通话语音	□语音标准 □咬字清晰，速度适中 □能熟练运用教学语言 待改进处：	√				教师普通话标准，语速适中，字正腔圆，教学用语运用恰当，表情自然得体。
2	汉字书写	□工整清楚 □书写规范	√				书写工整，重点突出，字迹优美。
3	教态仪表	□沉着镇定 □仪表端庄、大方 □动作沉稳 □亲切自然 □充满教学热情 □幽默风趣 □肢体语言丰富	√				教师仪态仪表端庄大方，语言幽默风趣，并有适当的肢体语言，课堂氛围轻松愉悦。
教师素质综合得分（共 15 分），评价得分：15 分							
							总评得分：96 分

二、分析与评价

此案例是进入其他教师的课堂听课，对照评价表的各个项目打分记录后的结果。这种评价方式比较全面、重量化，备注部分可以进行一些文字说明。

从评价表的备注来看，听课教师听得比较认真，也记录下了很多细节和自己的看法。同时，由于是评价其他教师，依据备注内容来看，分数略微有些偏高。另外，个别项目归类不是非常准确，如教师素质中“汉字书写”部分的备注内容，不应提到“重点突出”，“重点突出”应属于教学行为中的“板书设计”。教师素质强调的是教师的基本素养，短时间内很难快速提升；教学行为则主要指的是教师为此次教学具体所做准备和实施情况。“重点突出”，指的是在板书中做到了突出重点内容。因此，应属于后者。

第四章
综合课教学

第一节　语音教学

案例40　嵌入故事，趣味性强

一、描述

1. b 和 p 辨析练习。

师：好，大家学会了怎么拼读 bōbo 和 pópo。那你们猜今天波波和婆婆要做什么呢？（印尼语）（引入 b 和 p 的语音训练）（配图）：

波波和婆婆

波波 拔 萝卜，婆婆 帮 波波。
bōbo bá luóbo，pópo bāng bōbo。
婆婆 爬 山坡，波波 拉 婆婆。
pópo pá shānpō，bōbo lā pópo。
婆婆 疼 波波，波波 爱 婆婆。
pópo téng bōbo，bōbo ài pópo。

2. 巩固练习。

（1）什么不见了（主要练习 b 和 p 的辨别）。

教师先分给每位学生不同的拼音卡（如：有的学生拿到的是 bo，有的学生拿到的是 po 等）。教师展示 PPT 时（呈现一些音节，某个音节突然消失），提问："什么什么不见了"，所有学生回答："bobobo 不见了"。然后拿到那个拼音卡的学生举起自己的拼音卡，并说："bobobo"在这里。

（2）我说什么，你对什么（主要练习 b 和 p 的组合）。

教师分给每位学生 b、p 声母卡和不同的单韵母卡，学生拿到卡片要把它们组合起来。比如：教师念 bá，拿到 b、á 和 bá 的学生要举起自己的卡并说出 b 和 á 组成 bá。

（3）我来当波波，我来当婆婆（主要训练准确辨别并拼出 b 和 p）。

教师将学生按照座位分成四组，让每组代表抽签，扮演波波和婆婆的角色各两组。抽到波波的角色要当波波。教师展示 PPT，逐句呈现前面的儿歌，学生要找到自己的角色快速朗读。教师看看哪组读得又快又准，给每组积分，最后评分奖励。

二、相关背景

教材：自编

学生：小学一年级（非华裔）

三、分析与评价

教师在教 b 和 p 的辨析时，针对学生的年龄特征，巧妙地嵌入了波波和婆婆的故事，并制作字母、拼音卡，以儿歌、游戏等形式，加入竞赛的元素，增强了拼音教学的趣味性和故事性。同时，巩固练习全面考虑到了 b 和 p 的朗读、听辨、组合、运用等方面。

语音教学往往是在学生零起点开始进行。在学习汉语的初期，教学如何设计，做到不受学生汉语基础的限制，又能让学生从一开始就喜欢汉语、不对汉语产生畏难情绪，是非常不容易的。趣味性和故事性对低龄学生是比较恰当的方法，而对于年龄稍大的学生，也可以适当选用其能接受的比较直观、形象、新奇、有趣的教学材料，如舌位图、儿歌、绕口令等，以及双手模拟发音器官、游戏、竞赛等方法。

案例41　语境要真实

一、描述

教师讲授辅音声母 n、l 的区别，给的练习有：nánkù、lánkù。

二、相关背景

教材：自编
学生：大学一年级（非华裔）

三、分析与评价

教师在教语音时，有意识地将语音置于语境中进行教学，这是很有必要的。一般无论是语音，还是汉字、词汇教学等，都离不开语境。而语音教学，教师往往容易忽略语境的作用。具体来说，就是将所教的声母、韵母、声调放到具体的音节或词语中，并配上实物或图片，在语境的辅助下，强化学生对声母、韵母、声调的学习。这也有利于与以后要学的汉字、词汇建立联系，从而促进汉字、词汇的学习。

但在选择音节或词语时，一定要注意选择真实、常用的，即汉语中真实存在、又非常常用，在后续的学习阶段很快就能学到是最好的。案例中教师选用的词语“nánkù”，在汉语中似乎并不存在或不常用，因而不建议使用。可以选用的有：lán（蓝）、nán（男），lǜ（绿）、nǚ（女），lái（来）、nǎi（奶奶），等等。

案例42　声调教学过于单调、枯燥

一、描述

1．教师板书6个单韵母：ɑ、o、e、i、u、ü。

2．教师用第四声依次领读各个单韵母，学生齐读，指定学生读，教师纠正。

3．举例：“我爱你”的“爱”是第四声。“问”是第四声，第二声就变成了“闻”。

4．复习第一声，用第一声依次齐读各个单韵母，指定学生读。

5．复习第二声，用第二声依次齐读各个单韵母，指定学生读，教师反复纠正。

6．复习第三声，用第三声依次齐读各个单韵母，指定学生读，教师反复纠正。

7．复习第四声，用第四声依次齐读各个单韵母，指定学生读，教师反复纠正。

8．教师指定声调，用同一声调依次齐读各个单韵母，指定学生读，教师纠正。

二、相关背景

教材：自编
学生：高中一年级（非华裔，零起点）

三、分析与评价

教师在教声调时，反复让学生用同一声调依次朗读6个单韵母，教学方法显得比较单调、枯燥，学生出错率高，教师反复纠正。建议采用灵活多样的教学方法，如借助图片、手势、口形展示、唱四声等多种方法，并结合语境，练习常用词语等，提高教学效果。

如练习四声，可分别采用“māma（妈妈）”“yī（衣）”“é（鹅）”“yú（鱼）”“wǔ（五）”“bàba（爸爸）”“è（饿）”等音节比较简单又比较常用、配上图片后比较直观形象的词语。另外，6个单韵母依次唱一个声调，除第一声外，其他三声会显得拗口，如果采用分别唱四声的办法，即依次念出 ā á ǎ à // ō ó ǒ ò // ē é ě è // ī í ǐ ì // ū ú ǔ ù // ǖ ǘ ǚ ǜ。这样，韵律交替变化，不拗口，并且比较容易让学生成组记忆四个声调。

附录：PPT（设置分步呈现）

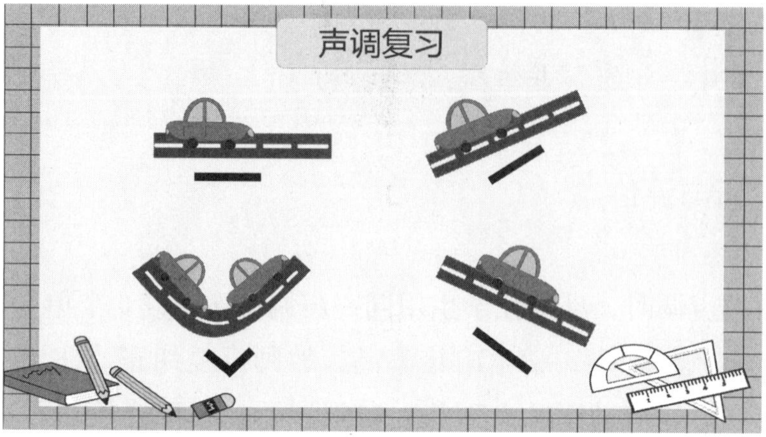

单韵母学习
o
ō ó ǒ ò

单韵母学习
e
ē é ě è

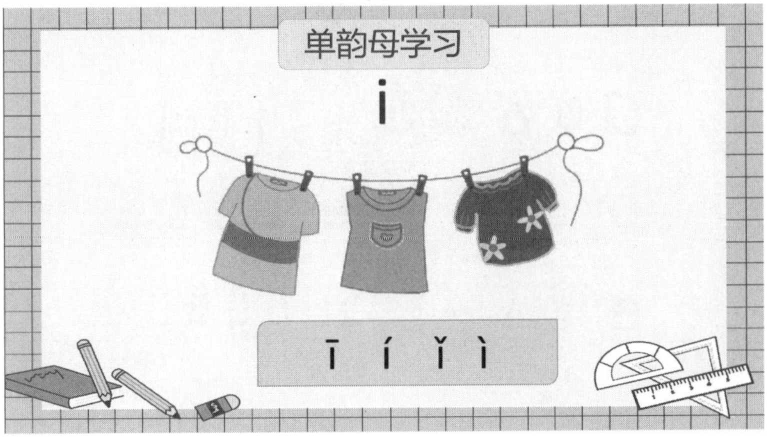
单韵母学习
i
ī í ǐ ì

单韵母学习
u
ū ú ǔ ù

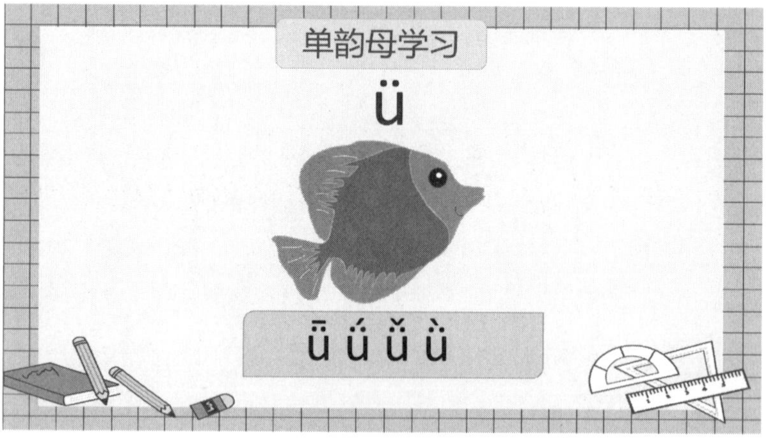
单韵母学习
ü
ǖ ǘ ǚ ǜ

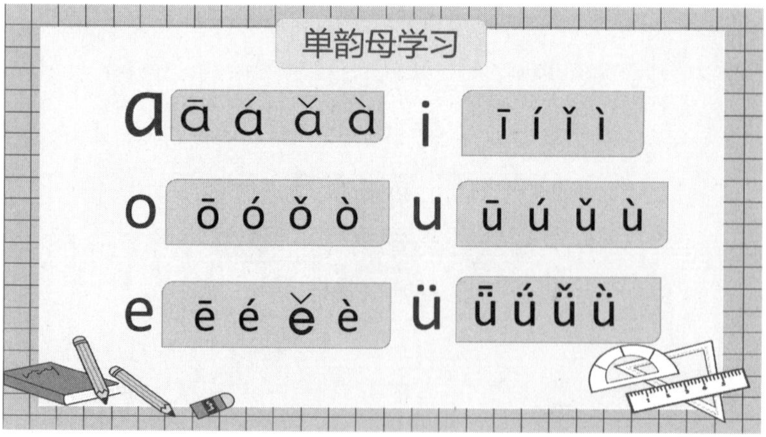
单韵母学习
a ā á ǎ à
i ī í ǐ ì
o ō ó ǒ ò
u ū ú ǔ ù
e ē é ě è
ü ǖ ǘ ǚ ǜ

第二节　词汇教学

案例43　让学生在使用中学习词语

一、描述

1. 学习主要生词“性格”：板书生词、拼音，及英文解释；提问：在家里最喜欢谁？（妈妈）为什么？并引导学生说出妈妈做饭很好吃、性格好等。最喜欢爸爸的原因是什么？（另一位学生），引导学生说出爸爸很有趣等。

2. 学习“相同”“不同”：板书生词、拼音，及英文解释，并指出是反义词。用学过的“虽然……但是……”举例并进行英文翻译（虽然明明和方方是好朋友，但是性格不同。/我和姐姐的爱好相同。）。

3. 引导学生说出家庭成员，并依次说出每个人的性格并板书（爸爸：有趣、幽默；妈妈：温和、耐心；哥哥：自信；姐姐：自信、不害羞；弟弟：淘气、可爱）。最后引导学生一起说说家庭各成员的性格。

4. 小结：让学生认读事先准备的词卡（性格、耐心、幽默、自信、可爱），并在黑板上板书其他表示性格方面的词。

二、相关背景

教材：自编教材
学生：小学二年级（非华裔）

三、分析与评价

教师对于生词教学的设计，以生词的使用为主线，在引导、启发、讨论中学习生词，并注意合理使用板书及词卡，突出生词的显示和学习。为学生提供了一个话题和交际场景，引导学生运用生词、学习生词。这种以交际为主导，学生学的生词不是一个个孤零零的词语，而是话题、场景及常用词语的组合，从而直接激活学生的汉语交际能力。

当然，这位教师在教学中用的另外一种方法是翻译法。翻译法的使用有利有弊，利是方便快捷，有助于两种语言间的切换；弊是容易产生翻译形成的偏误，影响第二语言语感的形成。对于翻译法，教师可根据需要而选用。

案例44　按规律调整词语的讲解顺序

一、描述

1. 学习词语：比赛。
以刚做完的练习为实例：全班学生分为两组竞赛答题。
师：你们知道吗？我们刚刚的情况，分成两组，有比分。每个人都很努力，看谁比谁更厉害。这样的情况我们叫比赛。

2. 学习词语：比。

师：我们来看，刚才的比赛，A 队得了几分？

生：1 分。

师：B 队得了几分？

生：2 分。

师：那如果我们要说比分怎么说呢？

生：1∶2。

师：如果分数是0∶0这样的情况，他们的分数就是一样的是吗？如果分数是一样的，有个词叫“打平”。

3. 学习词语：输—赢

师：但是，我们来看，刚才比赛没有打平，是吗？A 队得了 1 分，B 队得了 2 分。B 队的比分比 A 队多，我们可以说，B 队赢了。

师：你们知道“赢”的反义词是什么？

生：输。

二、相关背景

教材：《汉语教程》第 1 册下（第 26 课）

学生：高中一年级（非华裔）

三、分析与评价

教师在讲解词语时，将课文中的词语顺序进行了处理，以上 4 个词语在词义上有联系，可放在一起讲。这样做的好处是每个词不是孤立的，而是在学生脑海中与其他词语形成一个网络。在以后的学习中，词义相关的词语会逐渐地进入这个网络，学生的词汇量会逐渐扩大，对于汉语词汇的构成方式也会有更加深刻的了解。

词汇系统中的语素、词、短语，一般都可以通过联想形成网络。教师在讲解词语时，有意识地将意义上有某种关系的词语聚合在一起，有助于帮助学生复习生词，并在脑海中形成自己的词义联想网络。

除词义上的关系外，也可以按语法特点进行分类，如词性相同的几个词一起教。当然，如果以课文为主线，由课文讲解带入生词讲解。那么，以课文出现的顺序进行教学也是非常理想的。

案例45　新旧贯通、适当总结

一、描述

1. 教师领读。

2. 师讲解：漂亮的反义词是难看或者丑，近义词是好看、美或者帅。但好看或者美，我们指的是女生。如果是男生，我们说帅或者帅气。（展示图片）她漂亮吗？生：漂亮。

二、相关背景

教材：《汉语教程》第2册上（第1课）

学生：高中二年级（非华裔）

三、分析与评价

教师在讲解“漂亮”一词时，以旧释新，并将相关词语汇总，指出这些词语的适用对象。新旧知识有机结合，既有利于学生将词语组合在一起理解、记忆，又有利于促进这些词语的灵活运用。同时，能加深学生对汉语词汇系统的认识，提高学生的自主学习能力。

不过，如果教师在教“漂亮”时，能通过图片、提问等方法，启发学生思考，并将词语最终总结成一个表（如下），效果会更好。当然，教师也需要根据情况，适当贯通旧词语，一些很熟的旧词语不必过多强调，相关的旧词语量太多，也需要适当筛选。否则，会影响教学时间，也会给学生造成一定的学习压力。

<table>
<tr><td rowspan="3">近义词</td><td>漂亮</td></tr>
<tr><td>好看、美</td></tr>
<tr><td>帅、帅气</td></tr>
<tr><td>反义词</td><td>丑、难看</td></tr>
</table>

附录：PPT（设置分步呈现，实际授课时前几张可用班上学生的照片。）

你觉得这个小女孩好看吗？
piàoliang
我觉得她很好看，很漂亮。
piàoliang
漂亮

你觉得她美吗？
piàoliang
我觉得她很美，很漂亮。
piàoliang
漂亮

你觉得他长得怎么样？
我觉得他很帅/帅气。

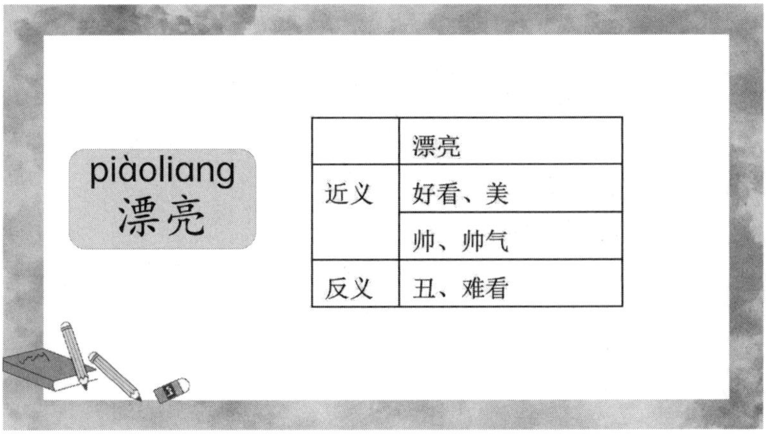

案例46　通过师生对话复习词语

一、描述

师：结婚是好事，那跟它相反的是？

生：离婚。

师：对。结婚是一件？

生：好事。

师：离婚是？

生：坏事。

师：要结婚但还没结婚的男的叫？

生：未婚夫。

师：女的是？

生：未婚妻。

师：他们结婚以后，男的叫？

生：丈夫。

师：女的叫？

生：妻子。

师：将来他们有孩子了，叫男的？

生：父亲。

师：叫女的？

生：母亲。

二、相关背景

教材：《汉语教程》第2册上（第3课）

学生：大学二年级（非华裔）

三、分析与评价

词汇复习，采用对话形式，教师给出语境，让学生说词语。这种以师生交际的形式复习词语，不仅可以使词语复习变得有意思、不枯燥，而且能使学生进入交际形式，将词语组合成一个词群，有利于学生后期的交际与应用。这是听说优先、交际优先常用的教学方法，有利于学生将词汇知识转化为语汇运用的能力。

案例47　通过画画学生词

一、描述

1. 复习颜色。

2．学习“草莓”：①（师）strawberry 的中文是什么？是草莓。②（师）哪位学生会画草莓？请××学生上来画草莓。③教师在“草莓”图旁边板书汉字、拼音，领读。④草莓是什么颜色的？（红色）

3．学习“苹果”：①（师）还有哪些水果是红色的？（apple）对，apple，中文说苹果。苹果还有什么颜色？（green），中文说绿色。②请学生画苹果，一个红苹果，一个绿苹果。③教师板书汉字、拼音，领读。

4．学习其他词语：同样的方法，讲解“西瓜、香蕉、梨、葡萄”。

5．巩固练习。

二、相关背景

教材：自编

学生：4 ~5 岁幼儿（非华裔）

三、分析与评价

该教师通过请学生在黑板上画画的方法，讲授水果名称，不仅能增强学生的参与性，同时也具有直观形象性，从而提高学习积极性和增强学习效果。如果 6 种水果名称的讲解稍有变化，效果会更好。如可先请学生上台按教师的指示或描述画其中的几种水果，然后请同学们，猜出或说出其英文名称，再学习中文名称。

当然，“画画”这种方法的选用，一般需要学生比较擅长，或是有学生愿意上台画。如果学生不能画，也可以教师自己画。一般而言，在教学中设计画画（主要指简笔画）、唱歌等才艺方面的教学方法，既要考虑是否符合教学内容的需要，又要考虑师生是否有这方面的能力和优势。如果都不具备，也可以用图片或音频等来替代。

案例48　未紧扣重点、难点

一、描述

1. 展示生词：常常。

2. 展示例句，请学生认读例句：我常常去图书馆。/他常常迟到。/老师常常去北京出差。/我常常见到他们。/我常常跟朋友一起去玩儿。

3. 学生齐读例句。

二、相关背景

教材：《汉语教程》第1册下（第16课）

学生：初中一年级（非华裔）

三、分析与评价

在生词“常常”的教学过程中，教师展示了多个例句，呈现了“常常”在句中的位置和使用情况。但仅限于句法层面，而“常常”的词义，很难通过例句本身获得。“常常”作为副词，意义不具体。因此，可以通过提问，补充更多的语境信息，例如：

师：A学生，你去学校的图书馆吗？

A学生：去。

师：你一个星期去几次图书馆？

A 学生：四次或五次。

师：那我们可以说“A 学生常常去图书馆”。

师：B 学生，你常常去哪里？

…………

对于词汇教学，一般音、形、义、用是重点，但不同的词，对学生而言，重点和难点不完全相同。也就是说，就重点而言，并不一定每个词语的音、形、义、用都是重点。如：学生已学了“由”，今天再学习生词“邮”，对于“邮”的音，讲解时就不必花太多时间了。就难点而言，有的词难读，可能“音”是难点；有的词难写，可能“形”是难点。而“常常”这类意义不具体的词，往往难点在于“义”。

词汇教学，一般可通过图片、卡片、动画、动作、实物等，建构语境信息，围绕音、形、义、用进行讲解。但就具体的某个词，需要分析这个词对学生来说，重点、难点分别是什么。在教学设计中需要紧扣其重点、难点进行教学，让学生能掌握重点，突破难点。

案例 49　要将新词语联系起来、用起来

一、描述

讲解词语：自己、爱好、京剧、非常、唱歌

例如：我自己洗衣服。/我自己做饭。/我自己……

他的爱好是打篮球。

我朋友喜欢看京剧。/他的爱好是京剧。

我觉得她非常漂亮。

我听见他在唱歌。/我不会唱歌，只会跳舞。

二、相关背景

教材：《汉语教程》第1册下（第22课）
学生：小学三年级（非华裔）

三、分析与评价

教师所讲解的5个词语，在语义上具有一定的联系，可以再增加一些包含新词语的例句。这样可以强化记忆，巩固学习效果。例如：

我非常喜欢京剧。/她非常喜欢唱歌。/上午老师教我京剧，下午我自己练习。

由于缺乏汉语使用环境，如果教师在课堂教学中，能巧妙地使用已学尤其是新近学过的词语，增加词语的复现率，将有助于学生把词语组合、联系起来，增强复习巩固效果。同时，在这种课堂教学的“交际”环境中，让学过的词“用”起来、“活”起来，能催生、激发学生对这些词语的使用动力。另外，教师也可以在复习多个词语时，让学生用这些词语说一段话或一个小故事等，既能提高词语的使用率，又能训练学生组句成篇的能力。

第三节　语法教学

案例50　让语法变得直观、形象、有趣

一、描述

1. 引入：出示图片（狗、玩具车、香蕉、面包、皮卡丘），让学生说出其名称。

2. 讲授：①定义解析：出示“名词”，提问，教师用浅显易懂的语言解释（名词就是我们给一些人、物、地点的名称）。②举例：出示图片（人物类：教师、医生、爷爷；物品类：书包、铅笔、椅子；地点类：学校、公园、图书馆），让学生说出名称，并指这些名称就是名词。

3. 练习1（读儿歌、找名词）：出示儿歌（一张圆桌、四把椅子、三道小菜、四碗白饭……），并配上相应图片；学习儿歌（师生齐读，按数来宝的方式有节奏地朗读，找出名词）。

4. 练习2（词性判别游戏）：教师从纸盒里抽出一张词卡，请学生认读，并判断是不是名词；让学生一起玩游戏（2位学生一组，抽一张，再认读、判别，并点评）。

5. 练习3（读故事、找名词）：出示故事，请学生找名词，再齐读故事。

6. 小结与作业。

二、相关背景

教材：自编

学生：华校小学一年级（华语为第一语言）

三、分析与评价

该教师对名词这一词性的教学，采用图片、儿歌、游戏、读故事等方法，使名词这一词性的特点变得可观可感，并通过大量的讲练，让学生接触到大量的名词，并在讲解中紧扣名词的特点，使学生理解“名词”这一词性的本质特点。

从教学过程来看，由引入到讲授，再到练习、小结、作业，安排科学合理。引入部分，使学生对名词有一些基础的认识，并了解事物和名称的关系。讲授部分，教师结合引入部分，对定义作简要解析，再呈现三类典型的名词。

练习部分：练习 1，儿歌中的名词比较容易（多个名词在前面的教学中提到过，且配有图片），是第一层次的巩固练习；练习 2，游戏形式中的名词是以前所学，一个个单词出现，判别相对简单，但与前一练习相比，脱离了图片，也是课堂上没提到过的，难度稍大，趣味性增强，是第二层次的巩固练习；练习 3，在语篇中找名词，难度最大，是第三层次的巩固练习。可见，三个练习的安排遵循了循序渐进的原则，在难度方面体现了层级性，在练习形式方面也适合学生的学习特点。

语法是教学中的一大难点，主要原因是语法具有抽象性。在教学中一般需要采用多种教学手段，将语法内容变得直观形象；精讲多练，引导学生从大量练习中抽象得出语法特点。教师在启发引导中，需要紧紧围绕所讲的语法现象的本质特点，如名词的本质特点，是“人或事物的名称”。这样，学生才能顺着教师的指向，自己归纳或理解语法规律。

当然，语法规律的陈述与总结，是用规范的、抽象的语言来表达，还是用浅显易懂的语言来表达，取决于学生的年龄和汉语水平。一般汉语水平高的成年人，倾向于使用规范的、抽象的表达；反之，倾向于使用浅显易懂的表达，不需要照搬语法书上专业性表达的定义和语法结构等。总之，只要是学生能接受、乐意接受的表达形式，就是可行的。

案例51　语言对比找异同

一、描述

1．复习词语：早、早上、晚、晚上、上午、下午、起床、午饭、游泳、睡觉、平时。

2．学习语法：①导入：教师直接介绍今天要学习的两个词，“才”和“就”。②展示例句：我昨天晚上8点睡觉的。还可以说：我昨天晚上8点才睡觉。/我昨天晚上8点就睡觉了。③分析解释：通过与英语对比，解释“才”“就”的意义，以及在英语中分别会怎样说。④练习：通过图片举例，引导学生说句子。

3．巩固练习：根据小明的时间表，用“才”“就”说句子。

小明今天早上 8 点起床。	小明平时早上 7 点起床。
小明今天早上 7 点半上学。	小明平时早上 8 点上学。
小明今天上午 11 点 15 分吃午饭。	小明平时上午 11 点吃午饭。
小明今天下午 2 点半放学。	小明平时下午 3 点放学。
小明今天下午 4 点游泳。	小明平时下午 5 点游泳。
小明今天晚上 9 点半睡觉。	小明平时晚上 9 点睡觉。

二、相关背景

教材：自编
学生：大学一年级（非华裔）

三、分析与评价

该教师针对非华裔大学生的特点，直接通过汉英对比，快速让学生明白副词“才”与“就”的意义和用法。副词的区别比较复杂，对于初级成年非华裔学生来说，通过语言对比，是一种比较恰当的方法。这样做的好处是：快捷、有效。

但是通过语言对比的方法来讲解语法，一般需要注意几点：①要确保对比的语法点在两种语言中的差别不大，即具有较强的同一性。②要确保学生能充分理解对比后的结果，不至于产生混淆，导致误用。③要确保通过语言对比，讲解所花的时间要少得多。

另外，该教师的词语复习与后面的讲解、练习联系紧密，表格内容的陈述比较直观明了。

案例52　精讲多练、张弛有度

一、描述

1. 课文例句导入语法："我们先去加油，然后再回家。"

2. 语法讲解：①展示语法结构：（主）先动作1＋然后（再）动作2。②直接解释语法结构成分的先后顺序。（师：要先做什么，再做什么。一定要先做前面的，第一件事情要先做，再做第二件事情，不能把前面的放到后面，也不能把后面的放到前面来。）③改错，指出句子在句法结构上的错误之处。（例句：我们先考试，再复习。/我们先慢跑，再快跑。）④教师做，学生说。（主语先给出）（教师先擦黑板，再写字。/他先敲门，再进来。/他先关灯，再关门。/我先刷牙，再洗脸。/爸爸先热身，再打球。/我先做作业，再睡觉。）⑤看图造句。（孩子先玩儿，再洗澡。/小孩先吃水果，再吃饭。/他先做作业，再看电视。）

3. 语法练习：①我做你说 ②词语替换练习 ③课堂游戏。

二、相关背景

教材：《中文》第5册（第3课）

学生：小学三年级（非华裔）

三、分析与评价

教师在讲授语法结构时，先用课文中的例句引入，然后展示句法结构，并对语法结构的语序进行解释，接下来通过“改错”“教师做，学生说”“看图造句”等，让学生学会使用。总体来看，讲练结合，精讲多练。

在练习环节中，先是用“我做你说”的方式，练习句式的交际使用。同时，具有很强的趣味性。第二题是替换练习，让学生进一步熟悉句法结构，能够流利地说出句子。最后采用课堂游戏活动，在活跃学习氛围、放松紧张情绪的同时，练习语法内容。整个练习环节，既体现了教学重点，又做到了循序渐进、形式多样。

从教学环节的设计来看，张弛有度、动静结合，遵循了学生学习的自然规律，又能紧扣教学重点，突破难点。

当然，根据学生的具体情况，如果学生能够做到，讲解过程也可以适当调整，如先改错，然后教师做、学生说，接着再引导、启发学生总结语法结构及其特征，最后看图造句。这种讲解过程，就更注重引导学生自主总结归纳。

案例53　内容过多，未分散教学

一、描述

1. 讲解句式一：A 比 B + 形容词。①解释形容词的含义。②展示图片提问：这是什么？哪个比哪个快？③展示例句：飞机比汽车快。④相同方法引出例句：西瓜比苹果大。/苹果比西瓜小。/今天比昨天热。/昨天比今天凉快。/爸爸比哥哥高。

2. 总结比字句中的难点和易错点：在比字句中不能用“很”“非常”。

3. 讲解句式二：A 比 B + 心理动词/能愿动词 + 宾语。①展示例句：他比我（更）喜欢音乐。/我比他（更）喜欢学习。②根据句子提问。

4. 讲解句式三：B 不比 A + C/B 没有 A + C。①讨论肯定句如何变否定句。②看图用比字句的否定形式造句。

5. 讲解句式四：A 比 B + 形容词 + 数量词补语。①出示图片，展示例句。②看图造句：大卫比玛丽大两岁。

二、相关背景

教材：《汉语教程》第 2 册上（第 1 课）

学生：高中二年级（非华裔）

三、分析与评价

陈珺和周小兵教授在 2005 年的论文《比较句语法项目的选取和排序》中，考察了《对外汉语教学语法大纲》等五个大纲之后，列出了 20 个比较句式。其中，“A 比 B + 形容词”是第 6 个句式，“A 比 B + 心理动词/能愿动词 + 宾语”是第 7 个句式，“A 比 B + 形容词 + 精确数量补语”是第 10 个句式。文章认为这 20 个句式应分散在不同级别，用不同课时来教。各句式形成一个在认知难度、形式难度方面逐级递增的序列，在适当地方拉开距离，插入相关语法点（如程度补语、数量补语）。

而在此案例中，教师在一个课时内讲了 4 个比较句式，将形式、认知难度方面都存在较大差别的句子一次性讲授，难度太大，严重影响教学效果。

在实际的教学中，教师可以只讲在重点教材中出现的，且应该要学的比字句的某类结构，分散教学，有利于学生的消化和吸收。如果想将相关内容放到一起，只能将以前学过的、有必要复习的、有利于今天新课讲解的内容，适当进行汇总复习。

另外，讲解一个新的语法点，往往必须通过大量的练习，让学生将语法点熟练运用，从而转化为能力，才能算真正掌握了，不能仅仅停留在只是让学生“知道”这一“知识”而已。因此，一次性讲解太多，就压缩了练习的时间，自然也影响教学效果。

案例 54　未考虑由易到难

一、描述

师：这个是刚才的对话，对吧？这位老师说今天想请大家谈谈自己的爱好。如果我们把对话换成一个句子，就是“老师让同学们，谈谈自己的爱好”。我们再来看下一个，“老师，让我先说吧”。我们把它变成一个句子就是“玛丽想让她自己先说爱好。”下一个，“是啊，非常喜欢，我还想唱京剧，打算请一个老师教我”。这个也是对话，如果要换成句子呢？谁可以帮我换一下？

生：（没有反应）

二、相关背景

教材：《汉语教程》第1册下（第22课）

学生：成年人初级班

三、分析与评价

教师从课文对话导入兼语句的语法点，从一开始就将对话换成转述的兼语句，难度非常大。尽管教师已举了两个例子，但学生还是不能完成。事实上，这个内容应该放在学生已经掌握了兼语句的基本结构之后。

教学一定要遵循由易到难的顺序，它不仅体现在宏观教学内容的安排上，也体现在每一次课具体内容的安排上。因此，导入环节可以尝试直观的动作演示，提问引导让学生感受兼语句的构成。如：

教师下指令	提问
1. 教师请一位学生关上门。	老师请了谁？ 谁关门？
2. 教师请另外一位学生关电灯。	老师请了谁？ 谁关灯？

接着，进入讲解过程，教师根据学生回答，引导得出兼语句，板书如下：

①老师请张云。 ②张云关门。 → ③老师请张云关门。

①老师请李红。 ②李红关灯。 → ③老师请李红关灯。

然后再进行讲练结合和大量的巩固练习。

附录：PPT（设置分步呈现）

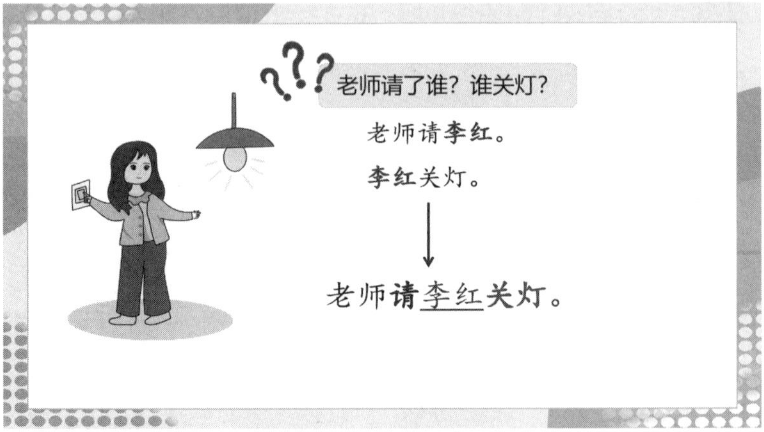

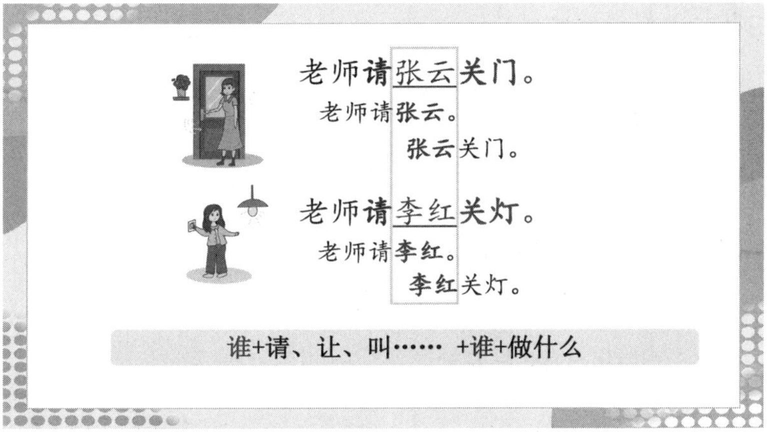

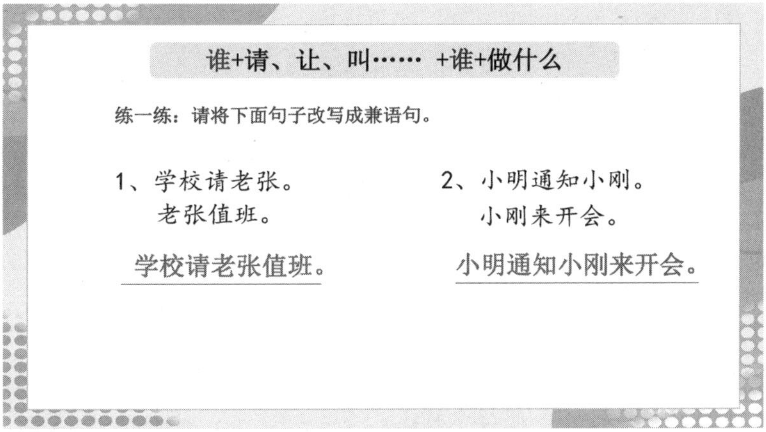

案例 55　应根据需要选择归纳法或演绎法

一、描述

师：主语（谁） + 动作 1 + 动作 2（表示目的）。比如：他坐飞机去中国。我去饭馆吃饭。

师：（展示图片），妈妈去超市＿＿＿＿＿＿＿＿＿？

生：买菜。

师：老师走进教室＿＿＿＿＿＿＿＿＿？

生：上课。

二、相关背景

教材：《中文》第3册（第3课）

学生：小学二年级（非华裔）

三、分析与评价

演绎法和归纳法是语法教学中常用的两种方法。演绎法是从抽象到具象，而归纳法则与之相反，是从具象到抽象。案例中的教学对象是小学二年级，用归纳法会更符合学生的思维特点，即先举例，再归纳出连动句的结构。如：

1. 展示图片，提问：有学生坐过飞机吗？去哪里？

我们可以说：××坐飞机去中国。

提问：大家喜欢去超市吗？干什么？

引导学生说出：我们去超市买东西。

2. 带领学生总结句式特点。

××坐飞机去中国。→ 谁＋坐飞机＋去哪里

我们去超市买东西。→ 谁＋去超市＋干什么

} 主语（谁）＋动作1＋动作2（目的）

3. 看图完成句子，熟悉句子结构。

（1）他拿起笔来＿＿＿＿＿＿＿＿＿。

老师走进教室＿＿＿＿＿＿＿＿＿。

我骑车＿＿＿＿＿＿＿＿＿。

中国人用筷子＿＿＿＿＿＿＿＿＿。

（2）他＿＿＿＿＿＿＿＿＿看书。

小花＿＿＿＿＿＿＿＿＿去学校。

奶奶＿＿＿＿＿＿＿＿＿看病。

附录：PPT（设置分步呈现）

我坐飞机去中国。
谁 + 坐飞机 + 去哪里
我们去超市买东西。
谁 + 去超市 + 干什么
主语（谁）＋动作 1＋动作 2（目的）

主语（谁）＋动作 1＋动作 2（目的）
他拿起笔来 写作业 。
老师走进教室 上课 。
school
我骑车 去学校 。
中国人用筷子 夹菜 。

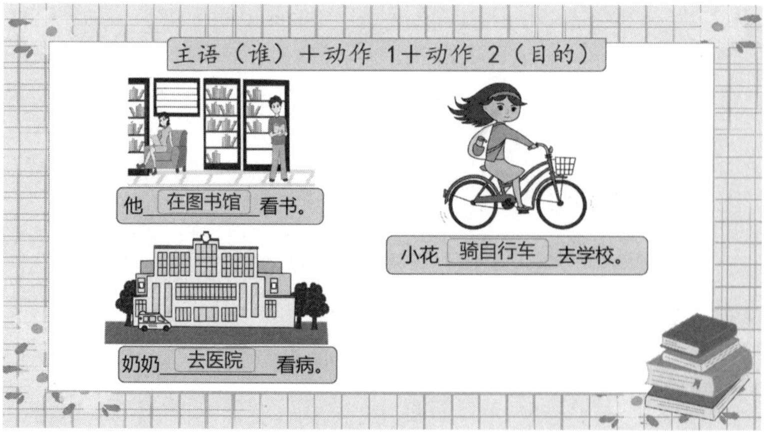
主语（谁）＋动作 1＋动作 2（目的）
他 在图书馆 看书。
小花 骑自行车 去学校。
奶奶 去医院 看病。

第四节　汉字教学

案例56　设计合理、直观形象，紧扣汉字特征

一、描述

1. 导入：教师拿出实物（1朵花）给学生看，然后提问：你们看老师手上拿的是什么呀？（生：bunga，师：中文叫“花”），引出第一个汉字“花”（板书汉字）。

2. 讲解：①领读汉字两遍，接着板书拼音，领读拼音两遍。②引导学生一起分析“花”的结构和书写。拆字讲解：艹＋化，上面“艹”表示意义，下面的“化”表示读音。“花”字属于上下结构。③PPT展示图片，引出常用搭配：一朵花、两朵花、一束花。领读、齐读、分组读、点读。④展示花园的图片，引出花的种类“玫瑰花、向日葵、莲花”。⑤接着学习其他汉字。

3. 练习：看汉字写拼音、看拼音写汉字、看汉字写部首、笔画抄写、组词、看图说话。

4. 游戏：请两组学生（2人一组）上台抽字卡（或拼音卡、偏旁卡、图片）做游戏，每组派一人抽卡，而另一位学生站在讲台上，面向黑板。抽到卡后，抽卡的学生在最短的时间内告诉同组的另一位学生自己抽到的内容。另一位学生不看卡片，将听到的内容迅速在黑板上写出来，看哪组

先完成或准确率最高，奖励一朵花。

5．小结、作业。

二、相关背景

教材：《中文》第 1 册（第 5 课）

学生：小学一年级（华裔、非华裔）

三、分析与评价

此案例展示的是汉字“花”完整的教学过程：导入→讲解→练习→游戏活动→小结→作业，科学合理、衔接紧密。采用实物进行导入，直观形象；围绕汉字的音、形、义、用进行讲解，并能结合汉字的特征进行分析；巩固练习和游戏活动紧扣汉字“花”的音、形、义、用进行设计，注意到了汉字的听辨、认读、书写与运用等方面，全面多样，趣味性强。

可见，教学中既关注到了汉字“花”的各个方面，又能结合形声字的特点，紧扣“花”的重点进行教学。既有利于让学生在有限时间内全面掌握所学汉字，又有的放矢地、有针对性地进行教学，有利于学生稳抓重点、消化难点。

案例57 重点不突出，没有启发性

一、描述

1. 教师板书生字：灯。提醒学生，注意笔顺。
2. 跟教师一起说笔顺。
3. 教师板书拼音，朗读，并说明是第一声。
4. 教师说出结构和部首，并板书。
5. 组词并板书：台灯、红绿灯，带读两遍，再请学生组词：电灯、灯光。
6. 带着学生一起说一遍：组词、结构、部首。

二、相关背景

教材：《中文》第3册（第1课）

学生：小学二年级（华裔、非华裔）

三、分析与评价

该教师在汉字教学中遵循了一般的教学方法，提到了笔顺、笔画、拼音、结构、部首，并强调声调，同时带领学生组词。整个过程是按常规方法进行，未根据学生和汉字本身的特点，启发教学，突出重点。针对该教师的讲解过程，修改、调整如下：

1. 字形教学：贴上字卡（灯），提问：什么结构？先写什么？再写什么？“火”字共有几笔？怎么写？第五笔是什么？最后写什么？请几位学生到黑板上写（其他学生在本子上写）并点评。

2. 字音教学：提问：怎么读？让学生先尝试，教师再纠正或给出正确读音。请学生齐读、个别读并纠正，如果学生声调发不准，可强调，并问：第几声？

3. 字义和用法教学：我们教室里有没有灯？叫什么？马路上有什么灯？等等，也可提供图片，引导学生说词语或句子。

这样设计的目的是注重启发性和汉字本身的特点。教学对象是小学二年级学生，已经学过一些汉字，可以引导学生自己分析汉字的结构、书写方法等，充分调动学生的积极性，让学生思考并利用旧知识、学习新知识，通过引导学生学习，同时学会有效的学习方法。

从教材来看，“灯”字本身应该不是第一个左右结构的字，因此可先让学生分析，“火”字估计应该已经学过，“丁”字不一定学过。因此，让学生分析先写什么，再写什么即可。如果学过“丁”，则只要引导学生记住两个部分，左边是“火”，右边是“丁”即可。当然，可以复习两个部分分别怎么写。但尽量避免教师一点一点告知，让学生被动输入。

如果“左右结构”没学，这是第一个左右结构的汉字，则可引导学生分析，这个汉字可以分为哪两个部分，借助手势，引导说出是左右，还是上下。再指出，能像这样分出左右两部分的汉字，就叫左右结构。

如果“火”字没学，则可尝试让学生先写，再让学生一起跟着教师写出正确笔顺，说说笔画名称。

汉字的教学，教师可以提前了解学生已学过哪些汉字，已有哪些知识，哪些是重点，充分调动学生自我学习能力，突出汉字的重点，将所教的内容变“少”、变“容易”，让自己变成一名机智的“引路人”，而不是“主角”。

附录：PPT（设置分步呈现）

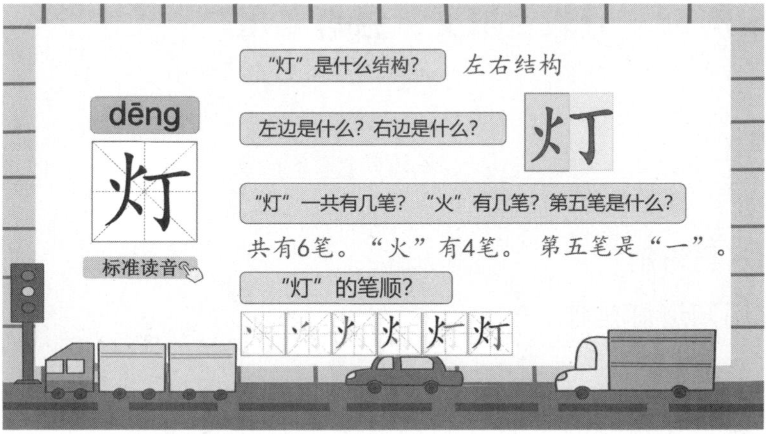

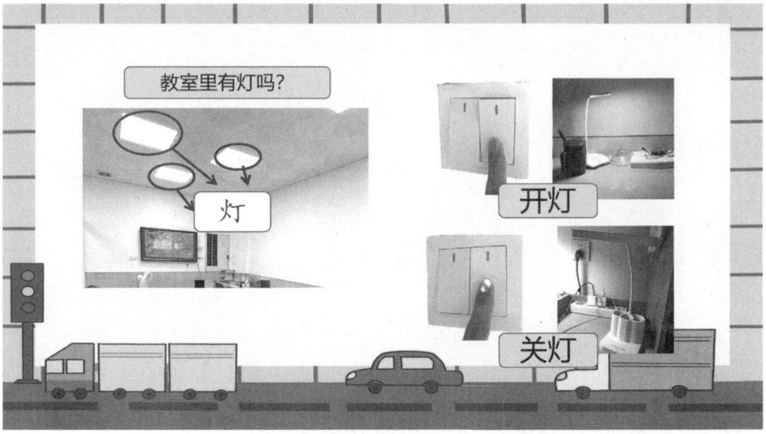

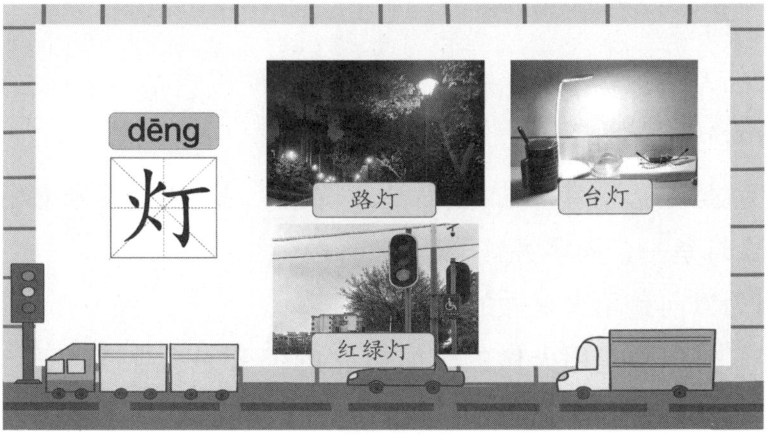

案例58　只教音形义，忽略“用”

一、描述

师领读，再讲解：

师：你们知道灯是什么?

生：不知道。

师：灯就是在我们的上面（指示教室里的灯），这些叫灯。（出示图片）这个呢?

生：灯。

师：这个呢?

生：灯。

师：对了，这些是灯。但这是现在的灯，以前没有灯的时候，我们用什么?

生：不知道。

师：以前的灯是用火做的，用油来点火。我们来看，灯的左边是什么?

生：火字旁。

师：灯的左边是一个火，右边是一个丁。所以它是一个什么结构?

生：左右结构。

师：灯就是左边一个火加上右边一个丁。我们一起来看看（出示图片），为什么灯是一个火字旁?

生：因为以前是用火来做的。

师：对，灯以前是用火做的，所以它的偏旁是火字旁。我们一起来看灯怎么写？请同学们，举起手来跟我一起写。

二、相关背景

教材：《中文》第 3 册（第 1 课）
学生：小学二年级（非华裔）

三、分析与评价

教师讲解汉字“灯”，关注到了音、形、义的教学。尤其是义的教学，结合字形，分析了部首和汉字意义的关联，有利于帮助学生理解字义，并记住字形。

但一般常用的汉字，要放在语境中，不要孤立地教汉字，这样既有利于帮助学生在语境中理解、使用汉字，也有利于学生形成语块意识，复习、联想相关汉字。同时，降低学生理解课文的难度。如“灯”的教学，结合课文内容应该提到“红灯、绿灯、红绿灯”，以及常用的“开灯、关灯”。如果“开、关”两个汉字已学，可显示汉字；如果没学，可简要说一说。

另外，教师的语言可再简洁一些，把更多的时间留给学生。同时，要注意学生的主体作用，尽量引导学生说出汉字的重点分析部分，而不是自己重复。

案例 59　要围绕教学目标进行教学

一、描述

1. 导入：出示书包。（提问：这是什么颜色的？）

2. 展示字卡“黑”；领读3遍。

3. 提问：还有什么是黑色的？（学生给出了很多答案）

4. 领读两遍。

5. 同样的方法，依次讲解了“红”“白”“蓝”“黄”“绿”等。

6. 巩固练习：学生分两组，分别依次朗读6个汉字。

7. 游戏活动（猜猜谁走丢了）：学生眯上眼睛，教师将字卡取走一张，学生再把眼睛睁开，看看少了哪个汉字。

8. 布置作业：找找在家里有哪些东西是这几种颜色的。

二、相关背景

教材：自编

学生：幼儿园大班（华裔）

三、分析与评价

该教师主要用实物、字卡等教具，讲解汉字的意义，对汉字音、形的处理主要是通过领读的方法。讲解完之后，进行了朗读练习和游戏活动。游戏活动需要认出全部汉字，并找出消失的那个，实际上涉及汉字的记忆与认读。同时，教学中注意训练学生对实物颜色的描述，即强化学生颜色词的运用。

对于幼儿来说，如果教学目标没有汉字的书写，那么汉字的意义、朗读、认读就是主要的教学任务。从教学来看，意义项目完成得比较好，对于“音 - 形”的转换以及汉字形体的记忆方面，还做得不够。如讲解完之后，可增加一些“音—形—义（用）”的匹配练习，如抽读汉字；教师说读音，学生找汉字；教师说实物，学生说什么颜色，并找出汉字，等等。

这样进行“音→形”“形→音”“形→义（用）”“音→义（用）”“音→形→义（用）”“义（用）→形→音”等多种角度的匹配练习，可以训练学生全面掌握汉字的音、形、义（用）。

案例60　忽略汉字偏旁的表意性

一、描述

1. PPT出示汉字及拼音。

2. 讲解“拿”：学生试读；教师领读；分析结构（板书:“合”“手”）；教师动作演示（拿笔），学生说出英语，教师说出汉语（拿笔）。

3. 讲解“先”：学生试读；教师领读；分析结构；讲解写法（板书：“告”，分析两个汉字的差别）；英语翻译。

4. 讲解“鸡”：学生试读；教师领读；讲解意义（用英语翻译，板书：“鸭”，说出两者都是鸟类动物，会飞，有翅膀）；分析结构。

5. 用相似的方法，讲完其他汉字“再”“听”“话”。

6. 学习课文。

二、相关背景

教材:《中文》第2册（第3课）

学生：小学四年级（非华裔）

三、分析与评价

该教师主要采用动作演示、翻译、比较等方法，讲解汉字的音、形、义，引导学生一起分析汉字的结构，找出具体的偏旁。但未引导学生分析偏旁与意义的联系，如“拿”的偏旁“手”、“鸡”的偏旁“鸟”，教师在讲解结构时，可再继续追问学生“为什么”，激发学生思考，打通意义与偏旁之间的联系。同样，如果汉字的某些偏旁能表音，也需要引导学生进行联系、分析。如完整表音的：“清”的偏旁“青”；部分表音的：“驾”的偏旁“加”，等等。

考虑到是阅读课文中的汉字，不必进行大量的巩固练习，但可适当引导学生说说汉字的常用搭配，汉字教学应增强语境的作用，即将汉字放在词语、句子中。此外，在教学方法和手段方面还可以多采用图片等直观手段，不必过多依赖翻译法。

第五节　课文教学

案例61　“提问+图片”导入

一、描述

1. 教师提问：我们之前学过很多关于颜色的生词，那你知道哪些关于颜色的词呢？

2. 生：红色、黄色、橘色、黑色、白色、紫色、粉色（生一个个回答，师及时反馈：红色，很好！橘色我们可以说橙色，对不对？还有什么？黑色、白色、紫色、粉色、粉色，你也会说！）

3. 提问：那么，我们走在路上，你会看到什么？（红绿灯）你知不知道红绿灯有几种颜色？（三种）哪三种？（绿色、红色、黄色）（出示红绿灯图片）这就是我们在路上看到的红绿灯，你知不知道这三种颜色的灯分别是什么意思呢？（红色就是停，黄色我不知道）那绿色呢？（绿色走）

4. 导入课文：那好，今天一起来学习一篇课文。这篇课文就叫红绿灯，通过学习我们就能知道红绿灯有什么作用。

二、相关背景

教材：《中文》第 3 册（第 1 课）

学生：小学二年级（华裔，家中有中文环境）

教学模式：一对一

三、分析与评价

该教师用提问和图片的方法进行课文导入。首先让学生说一说颜色，并作相应反馈，重复学生说的词并及时表扬，且表扬的方式不单一。同时，作适当补充，如“橘色我们可以说橙色”。然后，针对课文进行提问，由“看到什么”引出“红绿灯”，还能引出哪几种颜色及其意义？提问分步进行，适合小学低年级学生。最后，话语串联，引入课文。

第一步，先问颜色，既有复习的作用，又能让学生有话可说，让学生敢于开口说，且与所教内容相关联。第二步，就课文进行提问，步步推进，分解难度。第三步，用话语自然联接，让学生的思维进入今天的课文学习。

整个导入过程，时间合适，为课文学习营造较好的氛围，并将学生的思维和兴趣导向课文。课前不需准备太复杂的教具，这种导入方法是教学中常用的方法之一。

当然，也有一点不太完美的地方，如当学生说不明白黄灯的意义时，教师正好可以接过来说，“那我们今天就来学习课文‘红绿灯’，看看课文里说黄灯表示什么，好吗？再看看课文里还说了哪些是我们不知道的”。（学完课文后，再问学生，“黄灯表示什么”，如课文里也没说，可以一起揭晓答案，也可让学生回家问父母，第二次课上来说。）另外，“我们走在路上，你会看到什么？”这一提问离主题稍远，不容易关联“红绿灯”的答案。当然，在聊天的环境中导入，如果学生答出无关内容（如房子、路灯等）也没关系，后期可以再补充追问。（如果爸爸妈妈开车，一定要看路上的什么？我们过马路时，一定要看什么？等等。）

案例62　巧用简笔画串讲课文

一、描述

1. 学生齐读课文。

2. 将学生分成四组。

3. 学习第一段：①教师在黑板上画简笔画1。②第一组的学生上台，选择合适的词卡填空：______________一______________，______________变成了____________。③根据简笔画一起说说答案，说说课文。

4. 学习第二段：①教师在黑板上画简笔画2。②第二组的学生上台，选择合适的词卡填空：______________叫我______________，在________

______ ____________来______________去。③根据简笔画一起说说答案，说说课文。

5. 学习第三段：①教师在黑板上画简笔画 3。②第三组的学生上台，选择合适的词卡填空：______________一吹，______________就变成____ __________ ______________下来。③根据简笔画一起说说答案，说说课文。

6. 学习第四段：①教师在黑板上画简笔画 4。②第四组的学生上台，选择合适的词卡填空：到了______________，______________就变成____ __________下来。③根据简笔画一起说说答案，说说课文。

二、相关背景

教材：《中文》第 3 册（第 5 课）

学生：小学二年级（华裔，家中有中文环境）

三、分析与评价

该教师在讲解课文时，巧妙地根据课文内容，画简笔画，让一组学生上台，根据简笔画，完成填空。并结合简笔画，说一说课文的内容。

篇章体课文，不同于对话体课文，往往篇幅较长，需要抓住课文主线，理解课文内容并能用自己的话复述课文。简笔画，直观、形象，有助于帮助学生理解课文。同时，对学生复述课文能起到提示作用。另外，配合填空练习，简笔画建构了语境，填空练习用出现的词语勾连出缺省的词语。因而，在复述课文时，学生实际上是根据语境进行表达的过程，填空部分作为关键词句，突显所学的语言形式。此外，让一组学生上台，有助于加强学生的参与性，并促进学生相互合作。

在串讲篇章体课文时，根据课文内容，除简笔画外，还可设计简表，以及能勾勒课文内容的图表式板书、动画等。只要能化繁为简，能将课文主要内容直观、形象地呈现出来，就是比较好的教学手段。

案例 63　采用动作表演和游戏教动作描写

一、描述

1. 引导学生回顾课文《农夫和蛇》的主要内容。

2. 分段呈现课文，朗读，找出描写动作的词语，边找边引导学生一起做每个词语的相应动作。然后请一位学生上台表演一整段内容，其他学生一边朗读表演的课文，一边观察学生的表演。

3. 游戏：①教师先示范（嗑瓜子）：一位学生上台观看教师表演，然后用几个句子描写教师的具体动作，并指出教师做了什么事，学生点评。②两位学生一组分别表演：起床、投篮。

4. 小结与作业。

二、相关背景

教材：《中文》第 8 册（第 4 课）

学生：初中二年级（华裔，能用中文进行日常交际）

三、分析与评价

该教师将《农夫和蛇》这篇课文中的一个重点内容即动作描写提取出来，作为一个专题进行讲练，由课文表演到动作游戏，设计合理。课文表演是由语言表达到动作呈现，动作游戏是由动作呈现到语言表达。通过动作与表达的双向转换，常见动作及表达动作的词语再现和使用，让学生对动作的观察及语言表达得到了强化和运用。

案例64　对话体课文应适当拓展

一、描述

1. 教师带读课文、正音。

2. 学生听音频默读课文；男女生分角色朗读课文。

3. 提问串讲课文（展示图片）：①这是谁？（玛丽、麦克）②玛丽说什么？（我现在去图书馆，你跟我一起去，好吗？）③玛丽想让谁跟她一起去哪里？（麦克和她一起去图书馆。）④麦克是怎么回答玛丽的呢？（好，咱们走吧，你常去图书馆吗？）⑤玛丽常不常去图书馆呢？（常去，我常借书，也常在那儿看书，你呢？常去吗？）⑥玛丽常去图书馆吗？（常去。）⑦她常在图书馆干什么？（看书，也常借书。）⑧麦克常去图书馆吗？（常去。）⑨麦克常在图书馆干什么？（有时候看书，有时候上网查阅资料。）⑩麦克在哪儿看书呢？（在宿舍看书。）玛丽又说了什么？（你的宿舍安静吗？）（很安静。）

4. 练习：回答问题（①谁要去图书馆；②她常去图书馆吗？③麦克常去图书馆吗？④他在那儿做什么？）；隐去信息，学生根据课文内容分角色对话练习。

二、相关背景

教材：《汉语教程》第1册下（第16课）
学生：初中三年级（非华裔）

三、分析与评价

案例中教师讲解对话体课文，主要环节有朗读正音、串讲和练习。朗读注意采用多种方式，串讲也非常到位，通过提问的方式，基本让学生理解了课文的意思，并且学生通过回答，熟悉了课文中的句子。练习，就课文中的对话而言，是完成得不错的。但对话体课文，最终的教学目标是学生能用课文中的关键词、句进行自由会话。

因此，在最后增加一个练习进行适当拓展，是有必要的。可以让学生根据关键词、句自由会话，不必受限于课文。关键词、句在讲解课文时用词卡、句卡的形式贴出，也可以在讲解完引导学生一起找出来，用PPT等呈现出来。

案例65 篇章体课文讲解中注意提问的层次性

一、描述

讲授课文《翻越远方的大山》，教师在领读、串讲之后，设置了与课文有关的判断题来检查学生对课文细节的掌握。并设置了开放性问题引导学生对课文的深层理解和讨论：刘翔为什么能翻越心中的那座大山?

二、相关背景

教材：《中文》初中版第1册（第4课）
学生：初中一年级（华裔）

三、分析与评价

崔永华、杨寄洲先生（1997：165—166）将问题的难易程度分为5个层次：①问题的答案是是与非。学生只需回答是或不是，对或不对即可。②要求引用性答案，答案就在读过的材料里，找到了现成的句子就可以回答。③要求学生选择答案。答案由教师先设定，一个问题有3到4个答案，其中只有1个是正确的，只有对课文弄懂了才可能选择正确答案。④要求归纳性答案，答案不是现成的，需要从阅读材料或从作者的推断、暗示中归纳出问题的答案。⑤要求在阅读理解的基础上运用联想、推想，对文章中的人物、事件、作者的观点谈出自己的看法。

一般而言，在对篇章体课文的教学中，教师可以大致依照以上5个层次进行提问。通常，在串讲课文时，由细节问题开始，即先问是什么，再问怎么样，最后问为什么。所以，在理解课文大意时，一般先问第一、二层次的问题。当学生基本清楚课文大意后，可以问第三、四层次的问题，最后延伸拓展，问第五层次的问题。

案例中，教师的提问基本遵循了一般的规律，最后拓展时可以再结合学生自身情况，继续追问或让学生课后思考：你在生活中是否遇到了“大山”? 你是怎样“翻越”的?

参考文献

［1］陈珺，周小兵．比较句语法项目的选取和排序［J］．语言教学与研究，2005（2）．

［2］崔永华，杨寄洲．对外汉语课堂教学技巧［M］．北京：北京语言文化大学出版社，1997．

［3］贾益民．华文教育概论［M］．广州：暨南大学出版社，2012．

［4］刘珣．对外汉语教育学引论［M］．北京：北京语言文化大学出版社，2000．

［5］赵金铭，吴中伟．汉语作为第二语言教学：汉语技能教学［M］．北京：外语教学与研究出版社，2014．

［6］曾毅平．海外华文教师培训教程：上下册［M］．北京：北京师范大学出版社，2009．

［7］周小兵．对外汉语教学入门［M］．广州：中山大学出版社，2009．

后　记

本书是笔者主持的2017年度中国学位与研究生教育学会项目“海外本土汉语教师课堂教学的典型案例研究”（HGJ201723）的最终成果，出版前进行了修改和增补；也是暨南大学华文教育专业规划教材，是国家级一流本科专业“暨南大学华文教育专业”建设点建设成果。

本书可作为国际中文教育、华文教育等专业的研究生和本科生的“汉语课堂教学案例”“微格（型）教学”“教案设计与评价”等相关课程的主要教材或辅助教材，也可作为海外汉语教师探讨汉语课堂教学技巧与方法及相关的教案设计与听课评课等方面的参考书目。

感谢暨南大学华文学院多位教师为本书提供案例素材，具体是：常芳清（案例25、45、48、52、53）、干红梅（案例27、46、58）、许文果（案例28、64）、刘玉红（案例15）、李敏（案例26）、蔡丽（案例44）；感谢暨南大学2017级汉语国际教育专业两位硕士研究生为本书的辛勤付出，具体是韩彬彬（参与案例14、46的提取，参与案例15、17、28、44、45、48、49、52、53、54、55、58、64、65的提取与分析）、罗婵（参与案例4、11、12、25、26、27、33的提取，参与案例2、3、5、10、13、32的提取与分析）；感谢暨南大学2022级汉语国际教育专业硕士研究生范晓琳为本书相关案例设计PPT。

另外，本书得以成形，还有赖于暨南大学众多学子、校友等为案例收集提供原始素材及相关材料，在此一并感谢！

由于笔者学识有限，本书一定存在很多问题和不足，请专家、读者不吝指正。书中错漏，概由笔者负责。

李小凤

2024年2月20日